Walter Neukom • Nicht in aller Munde

Walter Neukom

Nicht in aller Munde

Was ist in aller Munde?
Was die Welt bewegt!
Nicht in aller Munde ist,
was in diesem Buche steht

100 Gedichte

Bibliografische Information der Deutschen Nationalbibliothek
Die Deutsche Nationalbibliothek verzeichnet diese Publikation
in der Deutschen Nationalbibliografie; detaillierte bibliografische Daten
sind im Internet über http://dnb.d-nb.de abrufbar.

Telefon: 0 30 / 76 69 99-0
www.frieling.de

Bildnachweis: pixabay
2. Auflage 2022
Buchtitel der ersten Auflage: In Gottes Worten spreche ich
ISBN (Print) 978-3-8280-3717-5
ISBN (E-Book) 978-3-8280-3718-2
Printed in Germany

Inhalt

Vorwort

Liebe Leserin, lieber Leser,
wenn sie ein hohes literarisches Werk erwarten, sind sie enttäuscht, wenn sie Lebenswerte suchen, sind sie richtig.

Die Gedichte sind nie an eine grössere Leserschaft geschrieben worden, einfach von Werten, von denen zu schreiben mir richtig schien. Aller Menschen Lebenszeit und unvergängliche Zukunft steht in der Bibel. Da viele die Bibel nicht mehr lesen, haben die meisten Gedichte einen direkten Bezug zu ihr, das allein schon macht sie lesenswert. Wie Gedichte je nach Thema nicht leicht zu schreiben sind, sind manche nicht leicht zu lesen. Mein Rat, manche Gedichte hinterfragen. Natürlich sind solche dabei, die nicht wert sind, erhalten zu bleiben. Ich habe sie trotzdem in die Sammlung aufgenommen, weil es vorkommt, dass gerade die, welche unwert scheinen, andere ansprechen. Mein geheimer Wunsch ist, dass ich in der Ewigkeit Menschen treffe, die von einem der Gedichte den Weg in Gottes Reich gefunden haben, mit 98 Lebensjahren bin ich nicht mehr weit vom irdischen Lebensende entfernt.

1 ABRAHAM mit seinem Sohn Isaak

Vor über dreitausend wechselvollen Jahren
stieg Abraham mit seinem gelobten Sohn,
schweren Herzens, entschlossen auf den Berg Zion.
Was opferst auf dem Berg, darf ich's erfahren?

Fragte der Knabe seinen Vater Abraham.
Ich werde tun, was Gott mir angewiesen,
was immer Er will, ist uns zum Heil beschieden,
mein liebes Kind, Gott erwählt sein Opferlamm.

Festgebunden lag Isaak auf dem Altar,
auf dem Holz, das er selber tragen musste.
Da hob Abraham das Messer, denn er wusste,
Gott kann ihn vom Tod aufwecken wunderbar.

Da rief der Engel Gottes Abraham schnell zu:
Verschon dein' Sohn, Gott hat dein Herz gesehen,
du folgst und fürchtest Gott, hast Ihm Ehr versehen.
Drauf schwur Gott Abraham ewgen Segen zu.

Auf Berg Zion entstand die Stadt Jerusalem,
hier erbaute Salamo das Heiligtum,
im Tempel betete das Volk zu Gottes Ruhm,
früh Priesterkönig Melchisedeks Salem.

Vor Jerusalems Mauern starb Jesus am Kreuz,
die Sünden der Menschheit bracht er in den Tod,
Gott erhob ihn zum Leben und himmlischen Lob
und offenbarte Seine Kraft und Sein Herz.

Gott übergab Jerusalem fremden Mächten.
Sein Volk hatte Ihn als Richter vergessen,
es wird bald erkennen, dass sein Tun vermessen,
Gott erbarmt sich neu und wird für es streiten.

Jerusalem, die Stadt mit Gottesgeschichte,
keine Stadt hat so grosse Ehre erlangt.
Sogar die Stadt im Himmel wird nach ihr benannt,
wer sie antastet, erfährt Gott's Gerichte.

Jerusalem, der einzige Ort auf Erden,
wo Gott Seinen Sohn bösen Mächten hingab
und zeigte, was Er weit über den Tod vermag,
wird Zeuge der Wiederkunft Jesu werden.

Judenfrei, frei vom lästigsten Volk auf Erden,
noch nicht verstummt ist dieses teuflische Wort.
Gott macht Jerusalem zum begehrtesten Ort,
es wird zum einz'gen Heil der Völker werden.

Gegen Israel werden sie aufmarschieren,
die vom Teufel verführten starken Mächte,
Gott wird sie vernichten mit strahlendem Lichte,
hilf Gott, dass wir den Glauben nicht verlieren.

2 Abschied von der Erde

Bevor ich meine Augen schliesse
für immer auf der Erde hier,
send ich Dir Vater tausend Grüsse,
nimm an Lobpreis und Dank von mir.

Ich dank Dir fürs Leben und die Zeit,
für Zeit der Freuden und Trauer,
in Leidenszeiten warst nicht weit,
schenkst nach Trübsal wieder Feier.

Ich dank Dir Gott für alle Menschen,
die mir im Leben Guts getan,
für Familie und Bekannte,
rech's ihnen gross im Himmel an.

Ich danke Dir für Heimat und Land,
für Wohnung, Kleid und 's täglich Brot,
für Gerechtigkeit und Friedenshand,
für Bewahrung in jeder Not.

Nimm Dank, was die Augen könn' sehen,
Sonne, Mond, Abend und Morgen,
wie Wolken ziehen, Winde wehen,
Blumen, Vögel, Deine Sorgen.

Nimm Dank, was unsre Ohren hören,
liebster Menschen traute Stimmen,
froh Lieder, die Dein Lob vermehren,
Deine Stimm, bis Glocken klingen.

Mein grösster Dank gehört der Hoffnung,
Hoffnung ewiger Herrlichkeit,
Dank für die wunderbar Erlösung
aus hoffnungsloser Sterblichkeit.

Die verlorene Welt zu retten,
ist Tat von Gottes Liebesmacht,
Gott legt den Bösen in die Ketten,
dem Tod genommen alle Macht.

Weil Du Herr Jesus bist gekommen,
als Gott in unser Fleisch und Blut,
hast unsre Sünd auf Dich genommen,
Dein Blut vergossen uns zugut.

Sind alle, die Dir Glauben schenken,
mit Dir vereint in Ewigkeit,
unfassbar ist's, an dies zu denken,
was Du im Himmel uns bereit't!

Leben nach dem Tod wird anders sein,
es wird nur eine Sprache geben.
Niemand wird sagen, halt, das ist mein!
Kein Neid wird die Freud verderben.

Wir haben unklug von Gott gedacht,
wir werden seine Allmacht sehen,
alle Erlösten darauf bedacht,
mit den Engeln 's Reich begehen.

Ganz gewiss ist dies bereits bekannt,
wer in den Himmel darf eingehn,
des Nam' im Lebensbuch genannt,
wird einst vor Gottes Throne stehn.

3 Armsünderglöggli

’s schönst Glöggli, wo ghörscht lüüte,
das hängt as Heilands Chrüz,
weisch, was sin Ruef bedütet?
Chum doch zum Heiland hüt.

Das Glöggli isch vo Silber,
drum lüütet’s au so nätt,
will’s euse Sündetilger
grad sälber gosse hät.

Me ghörts jetzt no wit ume,
sin silberhelle Klang,
es wird nid schnell verstumme,
de Heiland zieht de Strang.

Wenn sini Liebi chaltet,
eimol muesch rechne druf,
und sini Gnad veraltet,
dann hört das Lüüte uf.

Zwar gits vill grossi Chinder,
die säget, »mir gilts niid,
’sisch nu für armi Sünder,
doch mir sind bravi Lüüt«.

Pass uuf, es lüütet allne,
es isch für dii und mii,
sind all im Gricht verfalle,
das isch kei Parodie.

Au du bruchsch en Erlöser,
voll Liebi, Gnad und Huld,
dass Er dir hilft vum Böse,
er weiss vu diner Schuld.

Wie lang willscht widersträbe?
De Heiland lad’t di ii,
umesuscht und ganz vergäbe,
chascht du errettet sii.

’smues auch gar niemer meine,
er dörf nid cho, sei zschlächt,
de Herr verstösst e keine,
bringt alli wieder zrächt.

Bi Ihm chasch Fride finde,
Er nimmt di aa, wie bischt,
versänkt all dini Sünde,
wo’s Meer am tüüfschte isch.

Dänk nid wie vili Seele,
’seig all no Ziit zum goo,
o nei, es chönt no fähle,
emol isch’s plötzli z’ schpoot.

Verschmähsch jetzt ’s Heilands Locke,
tuet Er zu siner Ziit,
dir Herz und Ohr verstocke,
dänn ghörscht nüt, wänn’s no lüüt.

Isch Grnadeziit verflosse,
verbii das gnädig »Hüt«,
dänn isch Tür verschlosse,
dänn nützt’s Chlopfe nüt.

Dänn chasch lang »Herr, Herr« schreie,
chascht au vill Guet's to ha,
magsch no so vill bereue,
du blibsch doch dusse staa.

Jetzt weisches, was bedüütet,
drum gang zu rächte Ziit,
's Armsündergglöggli lüütet:
Wart nit, chum hüt, chum hüt.

'smues bsunders chräftig lüüte,
jetzt i de letschte ziit,
'smues töne is Härz vo Lüütte,
nu Gott dir Fride git.

4 Abschied vom Freund und Bruder

Warum bist du vor mir gegangen
aus dieser gemeinsamen Welt?
Sind dir Mut und Freude vergangen,
zu bleiben im altkranken Zelt?

Sag nicht, ich sei vor dir gegangen,
ich hatte noch Weichen gestellt,
der Tod hat mich plötzlich gefangen,
ich hatte ihn gar nicht bestellt!

Der Tod ist die Tür in der Angel:
tritt ein in die ewige Welt:
ins Reich der glückseligen Engel –
ins Reich, das die Sünde entgelt?!

Ich hoff dich im Reiche der Engel,
dort sind, die im Glauben gelebt,
sie haben an Freude kein Mangel,
das ewige Leben geerbt.

Willst ins Reich des Friedens einziehen
am Ende der irdischen Zeit,
dann lass dich zu Jesus hinziehen,
nur er hat Erlösung bereit.

5 Alle Ehre

Mit was kann ich Dich ehren
und Dein Lob vermehren,
der Du selbst vom Himmel bist?
Du hast Blut und Leben

für mich dahingegeben,
mein Heiland Jesus Christ.
Die Sünden, die mich plagen,
hast ans Kreuz geschlagen,

wo ich hingehöret hätt.
Du hast weggenommen
die Sünd', die mich verdammen,
und Schuldenbrief am Brett.

Ich möchte Dank Dir bringen,
schönste Lieder singen,
mein Herze will Dich loben,
mit all' Engel droben.

Schenk Herr mir Deine Liebe,
Deines Geistes Triebe,
ach, könnt ich Herr Dich lieben,
mit ein'm Herz wie sieben.

Wir sind nah an den Zeiten,
da Menschen Götter sind,
die Lügen sich ausbreiten,
die Gott nicht ehr'n, sind blind.

6 Apologie des Glaubens

Singt dem Herrn ein neues Lied
der Schöpfung, die uns zugewandt:
was wir sehn, ist nur ein Glied
der Kette, die das All umspannt.

Warum lehnst du Mensch Gott ab,
der du ohne Ihn nicht wärest,
der Verleumder gräbt dein Grab,
wenn du seine Stimme hörest.

Wenn du Gottes Sohn ablehnst,
lehnt dich sein Vater selber ab,
bedenke doch mit grossem Ernst,
nur Jesus führt den Hirtenstab!

Von des Schöpfers Hand und Macht
kannst dein Leben niemals trennen,
dem, der alles hat gemacht,
kannst auch nicht durch den Tod entrinnen!

Gottlos ist modern und feil,
Urknall verdrängt der Bibel Lehr,
doch nur der findt 's ewge Heil,
der glaubensvoll gibt Gott die Ehr!

7 Augen auf

Sieh, die Vöglein in den Lüften
schauen hoch auf Dich hinab,
rufen Dich aus Deinen Grüften:
freu Dich doch an Gottes Gab!

Sieh, die Häslein auf der Runde,
lachen doch das Füchslein aus,
sind viel flinker als die Hunde,
leben froh auch ohne Haus.

Sieh die Blümlein, wie sie blühen
in der schönsten Farbenpracht,
kannst voll Ehrfurcht wohl erglühen
Kindern Gottes ausgedacht!

Sieh, das braune Reh im Walde
ist der Anmut höchste Zier,
springen über Tal und Halde,
freuen Herz von Dir und mir.

Sieh die Fischlein in dem Bache,
wo ist nur ihr Plätzelein?
Kümmern sich um keine Sache,
sind froh im Zusammensein.

Sieh die Menschen, wie sie streben
nach den Gütern dieser Welt,
denken nicht, was einst im Sterben
ihren letzten Weg erhellt.

Sieh auf Jesu Kreuz im Leben,
Jesus starb auch Deinen Tod;
Gott schenkt Dir sein schönstes Leben,
Seine Lieb ist mehr als Tod.

8 Autofahren

Ich fahre im Auto und bin ganz allein,
ich fahre im Auto und schlafe fast ein.
Die Nacht ist so dunkel, das Ziel noch weit fern,
der Himmel verhangen, es leuchtet kein Stern.

Ich fahre auf der Strasse, ganz nahe am Bach,
da ruft eine Stimme, ich werde hellwach.
Von wem diese Stimme, die mich nicht vergisst?
Es ist Gottes Stimme, die 's Leben bemisst.

Die Stimme bewahret nicht immer vorm Tod,
sind in Gottes Händen, Zeit Leben und Tod.
Kann oft nicht verstehen, was Gott lässt geschehn,
Dank, Glaube an Jesus, kann Nöte verwehn.

9 Ausserirdisches Leben

Menschen horchen ins Universum
und suchen nach Zeichen von Leben,
sie gehn weit um die Bibel herum,
ihr Forschen geht darum daneben.

Wann werden sie wohl innewerden,
dass Technik ist vergeblich Streben,
das grösste Reich ist nicht von Erden,
jenseits von Angst, Leid und Verderben.

Dies Reich regieret ein König,
Tausende haben ihn gesehen,
sie jubelten, denn er ist mächtig,
gross' Wunder sind durch ihn geschehen:

Blinden öffnete er die Augen,
Aussätzige fanden reine Heilung,
Gelähmte tanzten frohe Reigen,
Tote erlebten Auferstehung.

Angeklagt stand er vor Pilatus:
»Er hat sich selbst zu Gott gemacht«,
das war die Klage des heil'gen Klerus,
der hat das Schlimmste ausgedacht.

Die Römer verspotteten den König,
warfen auf ihn ein' roten Mantel,
auf's Haupt ein' Dornenkrone blutig,
ein abscheulich Tun vom Teufel.

Pilatus kam in grosse Nöten,
er sah der Wahrheit ins Gesicht,
sollt' er diesen König töten?
Kläger drohten mit Kaisers Gericht.

Lüge und Wahrheit stehen sich nah,
der Fürst dieser Welt machte es klar,
die Gelegenheit war für ihn da,
die Wahrheit zu töten, die vor ihm war.

Wird Lüge über Wahrheit siegen?
Noch steht der Tod in Satans Hand,
muss die Wahrheit am Kreuz versiegen?
Welt und Klerus in Teufels Verband.

Glückseliges ist dann geschehen,
der Tod durch Wahrheit überwunden,
der Auferstand'ne ward gesehen,
mit des Kreuzestodes Wunden!

Gottes Stimme sprach mit lautem Schall:
»Mein' lieben Sohn, den müsst ihr hören«,
heut kannst ihn hören überall,
lass dich von Lügen nicht betören.

Meinst du, du könnst den Tod besiegen?
Es gibt nur einen Weg zum Himmel,
allein wirst Tod und Höll erliegen,
folg Jesus, nicht dem klug Gewimmel!

Such Leben nicht im Universum,
was hülf es dir, wenn du es fändest?
Gott sucht aus Liebe dich nur darum,
wenn du ihn mit sei'm Sohn begehrest!

10 Bemerkungen nach achtzig Jahren

Nach über achtzig langen Jahren:
Niemand ehrt, was du getan.
»Nur noch Weizen zum Zermahlen,
fein entsorgt – und abgetan!«

Nach über achtzig langen Jahren:
Schaffen's noch auf's Matterhorn!
Nun ich meide solch' Gefahren,
lass lieber andre vorn.

Nach über achtzig langen Jahren
wird das Leben doppelt schwer:
Vieles musst du nun begraben,
was dich bisher freute sehr!

Nach über achtzig langen Jahren
lassen manche dich verstehn:
du hast ferner nichts zu sagen,
deine Zeit ist wegzugehn!

Nach über achtzig langen Jahren
hör ich's wie ein armer Hund:
der vergisst bald alle Namen,
sagen's mit verhaltnem Mund.

Nach über achtzig langen Jahren
hat er's endlich eingesehn?
Möcht' den neuen Trend mitfahren,
hat die Ampel übersehn.

Nach über achtzig langen Jahren
ist er immer noch mobil.
Lasset nicht das Autofahren,
aber kommt doch gut ans Ziel!

Nach über achtzig langen Jahren
schreib ich's Jüngern gern ins Herz:
Schnell wird's Alter eingefahren,
wer's erlebt – es war kein Scherz!

Nach über achtzig langen Jahren
schau zurück, was ich getan:
möge Gott, was Gut, bewahren
und was schlecht nicht rechnen an!

Nach über achtzig langen Jahren
denk an Menschen, die mir lieb,
sind mir all' vorausgefahren
in die Welt der ew'gen Lieb.

Nach über achtzig langen Jahren:
Gottes Gnade – bleib bei mir.
Sei's im Glück, sei's in Gefahren,
bitt ich Gott: Er sei mit dir!

11 Bekenntnis zu Gott

Gott ist Gott, das höchste Wesen,
nichts ist, was Ihm vergleichbar wär,
Gott schuf aus nichts, was nie gewesen,
nur Gottlosen ist Gott eine Mär.

Dank sei Dir Gott, dass Du uns Vater
nach Deinem Bild geschaffen hast,
uns erlöst aus Teufels Marter
und geschenkt die ewige Rast.

Niemand kann's Leben erklären,
sei's in Menschen, Tier und Baum,
was blieb' denn, wenn wir nicht wären?
Es gibt viel mehr in Gottes Raum.

Nicht menschenwürdig ist die Art,
wie Törichte Gott's Werk leugnen,
Gott ist kein Mensch mit weissem Bart,
all' werden Wahrheit begegnen.

Materie und Energie
sollen Ursprung der Schöpfung sein,
alles funktionieret nie,
wenn nicht Ordnung kommt hinein.

Wie entstehen Lieb und Freuden,
Geist und Denken, schön und schlecht?
Gott ist mehr, als wir erleben,
selbst wird der Mensch Gott nie gerecht.

Versteh doch Mensch, dass Gott all's schuf,
nur Menschen halten nichts von Gott,
der Teufel fürchtet Gottes Ruf,
nur Menschen machen Gott zum Spott.

Weil wir Gott nicht fassen können,
kam Er zu uns in unsrer Art,
Engeln hat Er dies vergönnen,
zu schaun, wie Er sich offenbart,

dies Wunder wird kein Mensch verstehn,
das einst in Bethlehem geschah,
das Glaubensaug nur kann es sehn,
wie Gott im Jesuskind ist da.

Wenn wir diese Erd verlassen,
ist dies unser einzig Trost,
dass dies Kind für uns gelassen
sein Leben und uns ausgelost

Vom Gericht und ew'gen Qualen,
die wir in Sünd verschuldeten,
Hölle ist nicht auszumalen,
die Gott verschliesst Begnadeten.

Weil Jesus Gottes Willen tut,
ist für die der Himmel offen,
die glauben ans Versöhnungsblut,
das Jesus am Kreuz vergossen.

12 Baumerflade

En liebe Gruess vom Chelleland
muess jetzt in Mage abe,
und wies de Bruch, es ghört zum Stand,
en guete Baumerflade.

Ma channe ässe, seit der eint,
de andri findt en guet,
de Tokter hät hingege gmeint,
er säg au guet fürs Bluet.

Sovill en Mänsch au zäme isst,
sbescht chunt us der Gluet,
wärs Pacheti am Gaume misst,
däm tuet de Flade guet.

Wänn uf de ganze wiite Wält
kei Mänsch würd Dümmres mache,
als mit sim rare liebe Gält
en Baumer Flade zbache –

dänn chönnte jo, säb gseht me ii,
domit vill andres mache,
doch wies jetzt isch, es bliibt debii,
me cha nüt gschiitres mache.

13 Dämonen

Leidenschaft Jesus: Gottes Willen.
Auf der andern Seite vom See
musst er einen Auftrag erfüllen,
was immer er ist: Vater, ich geh!

Vor bald zweitausend Jahren
weideten zweitausend Schweine,
flott behütet von jungen Hirten,
munter grunzend ohne Eile,
ostwärts am See Genezareth.

Urplötzlich stürmt die ganze Herde
der verwirrt gewordnen Schweine
auf der frisch durchwühlten Erde
durch des Hirten junge Beine
in den Tod im blauen See.

Wer hat sie in den Tod getrieben?
Wir wüssten keine Antwort mehr:
Gott selbst hat die Geschicht geschrieben,
sandt Seinen Sohn vom Himmel her,
zu retten, die in Teufels Macht.

In diesem Land der Gerasener
lebte ein Mann in Teufels Macht.
Jesus, des Teufels Macht Zerstörer,
fuhr mit ei'm Schiff zum Ufer sacht,
dies sah der Mann, kam hergerannt.

Er warf sich Jesus vor die Füsse
und zitterte wie Espenlaub,
es schien, als brächt er Teufels Grüsse,
der hielt ihn fest wie einen Raub,
laut schrie er auf: Herr, quäl mich nicht!

Jesus befahl diesen Dämonen,
von dem Manne auszufahren,
und fragte sie nach ihren Namen,
sie mussten sich Ihm offenbaren
und nannten sich »die Legion«.

Sie baten, wer kann das verstehen:
»Lass uns in die Schweine fahren«,
und Jesus liess die Bitt geschehen.
Nach jetzt bald zweitausend Jahren
bleiben Fragen offenstehen.

Der Mann, der Ketten hat zerrissen,
vor dem sich alle fürchteten,
war geheilt und bald beflissen,
Jesu Wunder zu berichten,
das ganze Volk kam hergestürmt.

Sie baten Jesus: »Verlass dies Land!«
Er schritt bewegt zum Schiff zurück.
Der Mann, befreit vom dämonischen Band,
voll Dank und Lob über sein Glück,
wollte nicht von Jesus weichen.

Der Teufel wollte Jesus hindern,
dem Besessnen zu begegnen,
wollte sein Schiff im Sturm versenken,
doch er musst von Jesus fliehen,
konnt sein grosses Tun nicht hindern.

Deine Not sieht das Auge Gottes,
Sein Herz ist mit Liebe erfüllt.
Verstummen muss des Teufels Spottes,
im Gericht wird alles enthüllt,
wohl dem, der Gottes Gnade findt.

Die grossen Mächte sind im Streite.
Der Herrscher über Licht und Tod,
der Leben bringt in Schöpfungs Weite
und der, der alles treibt in Tod,
wird gestürzt in ew'ge Hölle.

14 Das beschriebene Tuch

Ein Mann, der schleppt ein langes Tuch
den steingen Berg hinauf,
beim Sammelplatz all' Menschen Fluch
legt er das Tuch darauf.

Das Tuch, das dieser Mann geschleppt,
ganz vollgeschrieben war,
mit tausend Sünden schwarz befleckt,
es sind die meinen gar.

Wer ist's, der alle meine Sünd
auf's Tuch geschrieben hat
und dieses Tuch voll schwarzer Sünd
zum Berg geschleppet hat?

Es ist der grösste Menschenfreund,
der je die Erd betrat,
gesandt von Gott, der Sünd ein End
zu machen auf sein' Rat.

Am Sammelplatz der Menschen Fluch,
da steht das Kreuz des Herrn;
dort wurde rein das schwarze Tuch,
spricht Jesus: »Ich tats gern.«

Vor diesem Kreuz mein Herz steht still,
hier floss das heil'ge Blut,
es floss nach Gottes heil'gem Will,
es floss auch mir zugut.

Jetzt weht ein reines weisses Tuch
vom Kreuz auf Golgatha,
für all', die frei von allem Fluch,
die stehen Jesus nah.

15 Das geheime Plätzchen

Es geschah im eisigen Winter
im Bauernhaus am Dorfesrand,
draussen war's schon lange finster,
im Kachelofen glüht noch Brand.

Der Ofen wärmte die Stube auf
und reicht fast zu ihrer Decke,
um des breiten Ofenkranzes Lauf
hing ein Vorhang um die Ecke.

Hinter dem Vorhang lag der Lieblingsplatz
der Magd, bevor sie ins kalt' Bett musste,
wärmte sie sich dort mitsamt der Katz,
aber was sie heut nicht wusste,

dass Männer in die Stube kamen.
Der Bauer war Milchpräsident
und sorgte, dass sie Platz bekamen,
für die Magd ein dumm Moment.

Sie getraut nicht vom Ofen steigen.
Das ging die Männer doch nichts an
und fürchtete, zu viel zu zeigen,
hatt' weder Rock noch Strümpfe an.

Ein verschleppter Husten plagte sie,
das Nachthemd stopft sie sich ins Maul.
Wie lange reden sie noch vom Vieh?!
Sie fühlt sich wie ein geschlagner Gaul.

Spätendlich ist die Sitzung fertig,
die Stube rein von allen Mann',
vom Ofenplätzli rutscht sie hurtig,
das wär die wahr' Geschichte dann.

16 Das Lied der alten Waage

Ich bin die Waag seit über hundert Jahren,
hab stets gewogen, was Gott wachsen liess,
auf allen Wegen kamen s' hergefahren
mit Roggen, Obst und Hirse überdies.

Froh' Lied und Freud erlebt ich oft beim Dreschen,
wenn's von den Ähren tausend Körner gab,
doch auch viel Leid und Tränen musst ich schauen,
weil schlimmes Wetter alle Ernt verdarb.

Einst kam ein schlauer Händler zu 'nem Bauer,
wollt kaufen, was man gut vermarkten kann,
sein listig Herz war immer auf der Lauer,
wie leicht wär's zu betrügen Frau und Mann!

Mit starker Hand der Bauer füllt des' Säcke,
ihn dünkt, die wären heut besonders schwer,
der Böse gab ihm Säck' von grössrer Stärke,
die fassten einen halben Sester mehr!

Vor Hast und Eil merkt dies der Bauer nicht,
dass er gemein betrogen worden ist.
Die Waag, die wog mit höherem Gewicht,
der Waagstein war vertauscht mit arger List.

Sieh mich recht an, so sprach die Waag zum Händler,
und denk, dass du von Gott gewogen wirst,
Gott sucht auf Erd Gerechte, nicht Verhändler,
kehr um zu Gott, bevor du sterben wirst!

Die Waage Gottes lässt sich nie betrügen,
und niemand kann an ihr vorübergehn!
Ihrem Urteil muss sich jeder fügen,
sie zeigt an, wer kann vor Gott bestehn!

Schwer wiegt die Sünd auf Gottes Richterwaage,
Gibt's kein Gewicht, das überwiegen kann?
Die ganze Welt wiegt nichts auf Gottes Waage,
niemand und nichts kann lösen diesen Bann!

Weiss kein Gewicht, das schwerer wiegt als Sünde,
die guten Werke, wiegen die nicht mehr?
Was gilt der Mensch, der Gott gedient, am Ende?
Ein unnütz Knecht, das ist der Bibel Lehr!

Doch einen gibt's, der schwerer wiegt als Sünde,
nur einen, der auf Gottes Waag gerecht,
der von der Welt verachtet ohne Gründe,
des Höchsten Sohn, der sich gemacht zum Knecht!

Mir träumt, ich werd gelegt auf Gottes Waage,
und seh mit Schrecken, dass ich viel zu leicht;
doch plötzlich weichet von mir Angst und Klage,
und ich verspür, dass mir die Hand gereicht.

Steht Jesus mit dir auf der Himmelswaage,
bist du von aller Schuld und Last befreit,
niemand erlöst dich von der ew'gen Plage,
nur Jesus hält dir 's Himmelreich bereit.

Was wäget Gott am End auf seiner Waage?
Wohl nur, was gilt im höchsten Himmelsrat!
Erst' Gott und Nächstenliebe ohne Frage,
sein höchst Gebot, das Jesus immer tat!

Die alte Waag mahnt dich zur letzten Reise,
da du gewogen wirst auf Gottes Waag;
drum lebe hier zu Gottes Ruhm und Preise,
glaub fest, was Gottes Lieb und Gnad vermag!

17 Dreifaltigkeit Gottes

Liebet, lobet Gott den Vater,
für sein Lieben, sein Erbarmen.
Liebet, ehret Gott den Schöpfer,
der uns nimmt in seine Armen.

Liebet, lobet Gott den Vater
für die Sendung seines Sohnes,
liebet, ehret Gott den Herrscher
für den Frieden Neuen Bundes.

Liebet, lobet Gottes Sohne,
weil er mit uns Mensch geworden.
Liebet, ehret Gottes Sohne
für die Tilgung unsrer Schulden.

Liebet, ehret Gottes Sohne,
der den Tod hat überwunden;
vor Gerichte sein Gesichte
wird den Glaubenden zuwenden.

Liebet, lobet Gottes Geiste,
er verklärt uns Gottes Wesen.
Liebet, lobet Gottes Geiste,
der uns hilft die Schrift zu lesen.

Liebet, lobet Gottes Geiste,
der die viere fest verbindet,
Gott im Vater, Sohn und Geiste
mit Geschöpfen Amen kündet.

Keine Worte können sagen,
Menschenklugheit muss es lassen,
nur der Glaube darf es wagen,
Gott an seinem Saum zu fassen.

18 Der kluge Mensch

Der Mensch ist klug und dennoch dumm,
weil er nicht sagen kann, warum
er lebet, hoffet, liebt und hasst
und, was er wünscht, letztlich verpasst.

Die Welt kann drauf kein Antwort geben,
vergeblich sein Verstandesstreben,
sie find'st allein in Jesus Christ,
der aller Fragen Antwort ist.

Frag Mensch nach Gott und Seinem Reich,
sag nicht, das ist mir alles gleich,
allein wirst nie vor Gott gerecht,
ohn' Jesus bleibst des Teufels Knecht.

Warum muss es denn Jesus sein?
Nur Er vertritt uns, Er allein,
vor dem letzten Weltenrichter,
mit ihm wird's Ende gut, nicht bitter.

19 Denkwürdige Schifffahrt

Mit Schwung rudern die Fischer ihr schweres Boot,
Sturmeswind und Wellen bringen sie in Not.
Da sehn sie in der Ferne, es darf nicht sein,
ein' Mann gehn auf den Wellen, er ganz allein.

Seht hin, der Mann kommt näher und kehrt nicht um,
das Boot lässt sich kaum steuern, der Wind kehrt um.
Der Steuermann hält fester den Ruderbaum,
den Fischern wird's unheimlich im Wellenschaum.

Erschrocken rufen alle: Gespenst, ein Geist!
Rücken eng zusammen, Petrus allermeist.
Endlich hören alle ein vertrautes Wort,
die Stimme ihres Meisters an dem schrecklich Ort.

Ich bin's, ruft Jesus lauter, fürchtet euch nicht!
Ich führ euch doch nur weiter in Gottes Licht.
»Was wird aus uns noch werden?«, fragen alle neu,
einem solchen Meister lasst uns folgen treu.

»Wenn er mich würde rufen, auf dem Wasser gehn,
dann würde ich ganz sicher niemals untergehn«,
so denkt der Fischer Petrus und spricht den Meister an,
die anderen nur staunen, halten's Boot nun an.

Freudig ruft der Meister den Petrus nun zu sich,
schnell springt er auf's Wasser, vor Freude ausser sich.
Petrus kann wahrhaftig auf dem Wasser gehn,
die anderen, die wollen erst mal weitersehn.

Da spritzt ein grosse Welle Petrus ins Gesicht,
er sieht vor Wasser nichts mehr in der Welle Gischt.
Schon schreit er, ich ertrinke, Meister, rette mich.
Jesus hilft dem Petrus, zieht ihn schnell zu sich.

Bald stehns im Schiff zusammen, die glücklich Schar,
die Fischer sind betroffen, es ist sonderbar,
jetzt woll's weiter rudern, das grosse Boot zum Strand,
sie fassen fest die Ruder, es ist noch weit zum Land.

Der Mond war schon gewichen, dem frühen Sonnenschein
und als s‘ beginn‘ zu rudern, läuft das Boot gleich ein.
Niemand kann dies fassen, sie sind schon am Ziel,
die Schiffer zueinander, das ist fast zuviel.

Solange Du kannst sehen des Meisters Angesicht,
kannst auf dem Wasser gehen, wenn all's dagegenspricht;
und wenn Du lässt den Meister in Dein Lebensboot,
dann kommst Du ohne Rudern ans Ufer ohne Not.

20 Die letzte Wahl

Mit wem werd ich die Ewigkeit beginnen,
mit neuen Freunden oder argen Leut?
Werd ich mit Engeln und Erlösten singen
oder verschmachten, was den Teufel freut?

Nach Erdenleben ist es aus mit dem Wählen,
musst dich entscheiden noch in heut'ger Zeit;
wünschst in Ewigkeit mit Freunden leben,
brauchst einen Freund, der dich ins Ziel geleit.

Ein einz'ger Freund kann dich zum Vater führen,
nur dieser Freund bringt Freund ins Himmelreich.
Lass diesen Freund doch deine Hand berühren,
ergreif sein Hand, eh du bist kalt und bleich.

Kein sünd'ger Mensch darfs Himmelreich betreten,
nur heil'ge Menschen sind willkommen dort,
der wahre Freund schenkt dir sein reines Leben,
er trug am Kreuz all deine Sünden fort.

Gott kennt die Bosheit ungezählter Menschen,
die glauben nicht ans grosse Endgericht,
sie spotten Gott und plagen, die sie mahnen,
Sehnsucht zu Gott, die kennen Spötter nicht.

»Ich bin die Wahrheit, Weg und Tür zum Vater«,
spricht Gottes Sohn, als Mensch zu uns gesandt.
Trau diesem Freunde wie ein Kind dem Vater,
mit Jesus Christ wirst selbst mit Gott verwandt.

Verwandt mit Gott, welch unfassbares Wunder,
der sünd'ge Mensch kann niemals göttlich sein.
Gott ist Geist, der Versöhnung eigen Gründer,
sein Heil'ger Geist führt dich in Himmel ein.

21 Die unheimliche Schrift Daniel 5.25

Der König Belsazzar lud tausend Gäste
zum grossen Festmahl in Babylons Reich;
Regenten mit Frauen, gewohnt an Paläste,
tranken und speisten den Löwen gleich.

Belsazzar liess holen die goldenen Becher,
die aus Jerusalems Tempel geraubt,
zu Ehren der Götzen trank der Verbrecher
daraus mit den Fürsten, die Völker beraubt.

Gott zu verhöhnen und Götzen zu ehren,
war des Belsazzars teuflisches Ziel,
da schrieb eine Hand, den König zu lehren,
dass Gott nicht schweigt zum satanischen Spiel!

Im Schein des Leuchters an der getünchten Wand
stehen geheime Worte, auf die wie gebannt
der König draufstarrt und die schreibende Hand,
niemand hat je solch Erscheinung gekannt.

Bleich vor Entsetzen schreit Belsazzar um Rat,
versprach höchste Ehre dem, der ihm sagt,
was die Schrift bedeutet in Wahrheit und Tat,
doch alle im Saale haben versagt.

Sie kamen vergebens, die Weisen im Land,
zu sehen, was keine menschliche Hand
geschrieben an diese beleuchtete Wand,
der Saal war gespannt zum äussersten Rand.

Nur des Königs Mutter war nicht verlegen,
sie trat vor Belsazzar in dessen Not,
sprach eifrig von Daniels göttlichem Leben
und was er einst Nebukadnezar gebot.

Daniel ward gebracht zum König im Saal
und sprach im Namen Gottes zu ihm:
den wahren Gott hast du verhöhnt tausendmal,
drum ist diese Schrift erschienen von ihm!

Drauf las Daniel die Worte laut und klar
vor Belsazzar und der gelehrten Schar:
Mene! – Mene! Tekel U-parsin,
und sicher ist dies ihr göttlicher Sinn:

»Mene«, das ist: Gott hat gezählt deine Zeit,
»Tekel«: von Gott gewogen und zu leicht!
»U-parsin«: deines Reiches End ist nicht weit!
Das Mass deiner Bosheit ist schon erreicht.

Du herrschst wie ein Gott über Völker und Land,
drum sandte dir Gott diese Schrift an die Wand,
deine Grossmacht und Ehre sind dir wichtig,
der alles geschaffen, ist dir nichtig.

Diese Schrift ist Gottes gespannter Bogen;
dein Vater verliess Gott und wurde zum Spott!
Du hast deinen Schöpfer schmählich betrogen,
Nebukadnezar gab die Ehre dann Gott!

Des Königs Rivalen noch in dieser Nacht
haben den König Belsazzar umgebracht.
Das war das End von Nebukadnezars Sohn,
die Meder und Perser bestiegen den Thron.

22 Drei Erben

Nach langen Jahren schwerer Arbeit
und wechselvoller Rentnerzeit
kam ihn der Todesengel holen,
die Erben freu'n sich unverhohlen,
der Alte ist getrennt vom Geld.

Niemand fragt, wie er gestorben,
wichtig nur, was er erworben;
nicht nur vom Geld musst er sich trennen,
ein schönes Haus war sein zu nennen,
ein Erbstreit ist nicht weit entfernt.

Die Erben nehm'n sein Tod gelassen,
nie hatte er die Kirch verlassen,
durch die Tauf, die er empfangen,
darf er in Gottes Reich gelangen?!
»Bist mir gefolgt?«, fragt Jesus Christ.

Der Pfarrer sprach am Grab ihn selig,
die Gründ dafür teils viel, teils wenig:
Die Gnade kann kein Mensch entbehren,
Gott muss man im Glauben ehren,
nur die Ewigkeit wird's klären.

Kein Erbe will auf's Haus verzichten,
nun gilt's, ehrenvoll zu richten:
Wer ist im Recht, das Haus zu erben?
Der Alte hatt' es nicht vergeben,
kein Testament in Dach und Fach.

Drei sind es, die um's Haus sich streiten,
wie dem Fried' den Weg bereiten?
»Ich hab das Haus allein gefeget.« –
»Schweig, hast ihn immer aufgeregет!« –
»Besucht ihn mehr, ich hab das Recht!«

Der ein' sagt dies, der andre das,
all Argument ein trübes Glas.
Der Wert des Hauses auch umstritten,
vergessen, was der Alt gelitten,
dem nichts in Schoss gefallen war.

Ach, könnt er noch im Frieden teilen,
er würde sich vom Grab beeilen,
würd sagen: Hört, nur eines zählet,
gebt Acht, was ihr erwählet,
nur Jesus hat den Tod entmacht'!

Die Erben gehn zum Rechtsberater,
der Kluge mahnt: »Denkt lieb an Vater.
Das schöne Haus lässt sich nicht teilen,
nur einer könnt darin verweilen,
und einem gönnet ihr es nicht.

Hört: Ihr könnt nichts hinübernehmen,
verkauft das Haus im Einvernehmen,
dann wird die Teilung kein Problem.
Ist mein Rat euch angenehm,
dann lasst am Grab ein Kreuze stehn!«

23 Ein Denkblick auf Gott

Ich blick in die Wolken und denke an Gott,
es wird ihn doch geben, trotz Zweifel und Spott.
Die Berge, die Meere, der Tag und die Nacht,
die Tiere, die Menschen, wer hat sie gemacht?

Ein grosses Wunder, das ich täglich neu seh,
ist, was sich beweget, wo immer ich steh,
im endlos Universum, kannst du's verstehn,
im Kleinsten und Grössten: ein Kommen und Gehn.

Die Reise von Vögeln und anderen Tieren,
Geschöpfe im Meer, die kein Ziel verlieren,
Atome, Sonne, Mond und Sterne wandern,
alles bewegt sich, es gibt keine andern.

Durch all dies, was sich da vor Augen bewegt,
ist die wunderbar grosse Weisheit belegt
von Gott, der Leben und Bewegung schafft,
Er selbst ist Leben und liebende Kraft.

Die klügsten Forscher im Grössten und Kleinsten
sind ehrlich überrascht, am allermeisten
von den wunderbaren Werken der Natur,
und ahnen eine Weisheit von anderer Statur.

Das Beste, was ein Mensch hier darf erleben,
ist, dass er mag vor diesem Sein erbeben,
den finden, der herrschet über Leben und Tod,
wer ihn gefunden, fährt im sichersten Boot.

An Gott denken ohne Seinen lieben Sohn,
ist wie ein dummer Knecht, der schafft ohne Lohn,
es scheint unmöglich, doch ists bezeuget wahr,
Jesus lebte bei uns, liess sein Leben gar.

Menschen schreien laut nach Gerechtigkeit,
sie marschieret schnell, die Ungerechtigkeit,
Gott baut ein Reich, voll Frieden und Herrlichkeit,
das Böse vergeht, Gott's Reich in Ewigkeit.

Dies Reich regiert Gottes- und Menschensohn,
er öffnet die Pforte und wartet schon.
Wer die Einladung verschiebt und verachtet,
wo findt er Hilfe, wenn er im Finstern schmachtet?

Noch ist Zeit für Liebe und Barmherzigkeit,
Gott sandt uns Seinen Sohn zur Gerechtigkeit.
Wer ihn verachtet, verachtet Gottes Lieb
und im Endgericht fällt er durch Gottes Sieb.

Wir Menschen sind weit von Gott weggegangen
und merken kaum das sterbende Verlangen
nach Ihm, der uns nach Seinem Bild geschaffen,
Ruh finden wir nur unter Seinem Schatten.

24 Er selbst ist da

Wenn du in deine Kammer trittst,
so denk zuerst an Jesus Christ,
werd still vor Ihm und bete an,
heb deine Augen himmelan;
bitt Ihn um Seine Gegenwart,
ob Er zu dir eintreten mag.
Er kommt zu dir und ist schon da
mit Seiner Hilf' von Golgatha,
wo Er für dich ans Kreuz geschlagen,
all Sünd und Schuld hinweggetragen,
und denk daran, Er selbst ist da
mit Seiner Hilf' von Golgatha.

Du musst Ihm nur die Türe öffnen,
und Er tritt ein, oh selges Treffen,
wenn du Ihm deine Herzenstür
sperrangelweit öffnest immerfür.
Er bringt dir Licht und Sonnenschein
ins tiefbetrübte Herz hinein,
Er bringt dir Freud und helles Leben
ins todgweihte Erdenleben,
oh glaub es fest, Er ist schon da
mit Seiner Hilf' von Golgatha.

Bringst Du die eigne Herzenstür
mit aller Kraft nicht auf für Ihn,
weil Leid und Sorgen ohn' Erbarmen
mit Schmerz und Kummer dich beladen,
so klag es Ihm, ruf leis »Herein«,
Er tut selbst auf und tritt herein,
um mit dir ganz allein zu sein.
Sein' Lieb vertreibet alle Sorgen,

verwandelt Leid in Himmelswogen,
einst droben in der Herrlichkeit
und hier in dunkler Erdenzeit
gibt Er dir Kraft und Mut zu tragen
Sein sanftes Joch ohn alles Zagen.
Oh freu dich nur, Er ist schon da
mit Seiner Hilf' von Golgatha.

Ja, Du bist da, Herr Jesus Christ,
der Du die Liebe selber bist.
Will Satan selbst dein' Tür zuschlagen,
wenn man Dich ruft, wer kann es wagen,
Dich zu vertreiben von der Tür?
Wenngleich die ganze Höll anrennte,
die Todesmacht sich an die Türe stemmte,
Du trätst herein, Durchbrecher aller Bande
und Siegeshelden über Tod und Lande.
Oh rühm es nur, Er ist noch da
mit Seiner Hilf' von Golgatha.

Bitt Jesus ernst, komm jetzt herein,
tritt in mein armes Herz hinein
mit Deiner Kraft und hellem Schein.
Vertreibe alle dunklen Schatten,
der bösen Mächte finstre Matten.
Mit Deiner Liebe hellem Schein
durchleuchte ganz mein finstres Herze,
damit es, frei von allem Schmerze
der abgrundtiefen Schuldenlast,
frei rühmen darf bei Tag und Nacht
Dein gross Vergeben und Erbarmen
und Trost und Kraft in Liebesarmen,
die immer neue Menschen schafft,
wo man die Tür Dir aufgemacht.

Halt fest allzeit, Jesus ist da
mit Seiner Hilf von Golgatha,
wo er für Dich ans Kreuz geschlagen,
dein Sünd und Schuld hinweggetragen.

25 Geburtstag nach siebzig Jahren

Vor mehr als siebzig Jahren gabs mich noch nicht.
Im Nichts stand keine Frage: willst leben oder nicht?
Warum bin ich geboren? Wurde ich gewünscht?
Oder war mein Kommen – vielleicht unerwünscht?

Wärs für mich nicht besser, ich wäre gar nicht da?
Hätte niemals Kummer, wär nie dem Tode nah.
Siebzig Jahr' leb ich schon hier: wofür?
Sollt ich mich bei einigen entschuldigen dafür?

Ich hoff, dass andern ich durft Freude geben,
meint oft: nur da zum Geben und Vergeben!
Ich denk und frag: hats Leben einen Sinn?
Die Antwort in der Heiligen Schrift gewinn:

Gott schuf Adam aus Erd – muss wieder Erde werden,
Er haucht ihm ein die Seel, von Seinem Geist, und Leben!
Nicht aus Erde nur besteht der Mensch darum,
von Gott sich wenden ab, ist ungleich mehr als dumm!

Des Daseins Sinn find'st in dem höchst Gebot:
ist Gottes Wort, das unersetzlich Gut:
Gott lieben über alle Angebot
und den Nächsten wie sein eigen Blut.

Werden und Vergehen – wird's immer so sein?
Der Weltlauf ohne Ende, wenn Gott nicht käm herein:
Sein Sohn wurd' hier geboren – arm, wie's mir geschah,
ich hätte nichts zu feiern, wenn Er nicht wäre da!

Gott klaget alle an, welche Ihn verlassen,
gibts keine Wende mehr, Gottes Hand zu fassen?
Gott will uns führen heim, ins himmlisch Heimatland,
dort werden glücklich sein, die fassten Jesu Hand!

Geburtstag feiern? Gibts wohl zum Feiern Grund?
Hätt keinen Grund, gäbs nicht den Neuen Bund,
den Gott geschlossen hat durch Kreuz von Golgatha,
wo in Jesu Tod – des Todes Tod geschah!

Wir sind zum Feiern hier und nicht zum Trauern,
nur böse Menschen müssen diesen Tag bedauern.
Wir danken Gott, weil Er dich uns gegeben,
und danken dir fürs Miteinanderleben.

Christus ist das von Gott geliebte Kind,
die Ihm vertraun, mit Ihm Geschwister sind.
Gott schenk dir Gnad, Ihm immer zu gehören,
und noch viel Jahr – mit uns zusammen leben!

26 Geburtstag eines Gottesmannes nach 80 Jahren

Wie ein Veilchen seine Blütlein
im milden Frühlingswinde wiegt,
also wiegte einst ihr Kindlein
eine liebe Mutter, still vergnügt.

Nach des Frühlings Jugendtagen
trat der Sommer an seine Statt
und die Mutter sah es tagen,
wie schwer's ein Mann im Leben hat.

Wie ein Blümlein nicht vergebens
voll Eifer um sein Leben stritt,
also stritt im Kampf des Lebens
der Mann für den, der ihn vertritt.

In sein's Lebens Sommerzeiten,
in Glück und Unglück, Freud und Leid,
stand ihm Jesus treu zur Seiten
und hielt ihn fest in seinem Kleid.

Gottes Güt war ihm gewogen,
war wohl geschützt in Seiner Hut,
schon acht'g Lenze sind verzogen
vom ersten Veilchen, ihm geblüht.

Achtzig Jahr in seinem Leben
sah gern der Mann die Veilchen blühn,
achtzig Mal sah er sie sterben,
wie manche werden ihm noch blühn?

Schon viertausend gute Wochen
bracht er heut nun hinter sich,
welche Gnade der Bewahrung
strahlet von seinem Angesicht.

Der den Veilchen Regen spendet,
sie kleidet und ins Leben ruft,
wird auch Bruder Leben spenden,
wenn einst sein Leib im Grabe ruht.

27 Geburtstag nach achtzig Jahren

Vor achtzig Jahren war der Arzt Doktor.
Weil kein Doktor im Dorfe wohnte,
hielt ein fremd Auto mit lautem Motor
vor unserm Hause und verstummte.

Es kam der Doktor vom Deutschen Reiche,
betrat die Stub', sah Wernerli an.
Mutter hatte ihn gerufen leise,
nun sah'n sich beide nachdenklich an.

Wernerli, einige Monate alt,
musste ins Kinderspital Zürich.
»Das muss rausgeschnitten werden«, sagt kalt
Doktor, all's andre sei vergeblich.

Unterm linken Knie war ein Gewächs im Bein,
im Kinderspital wurd's operiert,
doch dabei blieb es leider nicht allein,
Leben des Tumors nicht ausradiert.

Das Leben dieses Kinds ist bald vorbei,
all' Doktoren sagten dies gemein,
doch Mutter rief den höchsten Arzt herbei
und durfte sich an Wundern freun.

Ein andermal, einem frühen Morgen,
sah ich Mutter, das Gesicht verweint.
Mit leiser Stimm', Tränen in den Augen,
sagt: »Jesus hat's nochmals gut gemeint.«

Wernerli nachts, ohne Puls am Sterben,
lag todkrank im Stubenwagen drin.
Als kleiner Bub so viel Feind am Leben,
durch viel Not führt Gott zum Ziele hin.

Nur noch drei Brüder heut am Leben sind,
der jüngste zählt heut achtzig Jahre.
Der heut'ge Tag uns neu mit Gott verbind
und bis zum Ende uns bewahre.

Wir denk' an die, die den Tod durchschritten,
Vater, Mutter, Brüder und Schwestern,
das irdische Dasein ausgelitten,
unser Weg zu euch ist nicht mehr fern.

28 Fast aus der Welt gefallen, Werner etwa 8 Jahre alt

Ein Wintertag hab ich nie vergessen:
Werner brachte Vater Brot in den Wald.
Nach Hause den guten Weg verlassen,
hofft, er würd ihn wiederfinden bald.

Nach langem Irren kam er aus dem Wald
und sah das Dorf im schönsten Winterkleid,
klagt laut: »Bin aus der Welt gefallen bald«,
Mutter tat der kleine Spitzbub leid.

29 Geburtstag einer Witwe nach achtzig Jahren

Auf dem alten Bauerngut
ist es still geworden;
im leeren Stall liegt noch ein Hut,
der ihn einst trug, gestorben.

Es grunzt kein Schwein, es bellt kein Hund,
das Vieh ist auch gegangen,
das Alter macht sich eben kund,
der Tod hat zugelangen.

Der Mann längst tot, der Freund im Grab,
was ist mir noch geblieben?
Achtzig Jahre Gott mir gab,
soll ich Ihn darum lieben?

Eine kleine Freude noch
ist mir doch geblieben,
Gott sieht doch mein Lebensjoch,
hab Hennen, die mir dienen.

Du denkst: Das kann es doch nicht sein,
Gott soll die Hühner schenken?
Er sieht ganz tief ins Herz hinein,
Er will nur auf sich lenken.

Sieh im Kleinen Gottes Lieb,
der Tod ist nicht das Letzte,
der dich ins Lebensbuch einschrieb,
gab auch für dich das Beste.

Ich wünsch dir noch viel gute Zeit,
manch Freude noch im Leben,
mit achtzig Jahren ists nicht weit,
noch lang kein Zeit zum Sterben.

30 GOTTESLÄSTERUNG

Im Palast des Hohepriesters
in Königsstadt Jerusalem
steht im Saal des Hohen Rates
ein Mann dem Rate unbequem.

In den frühen Morgenstunden
der grosse Rat von Israel
verhört den Mann, jetzt gebunden,
von Gott gesandt: Immanuel.

Warum steht er hier gefangen,
warum gestellt vor's höchst Gericht?
Sie wollen Ihn zum Schweigen bringen,
Seine Stimme hören woll'n sie nicht.

Warum den zum Schweigen bringen,
der allem Volk ein Segen war?
Kranke, Stumme wieder singen,
Verstorbne wieder leben gar!

Gott hat Seinen Sohn gesendet
zum Retter vor dem Zorngericht,
töten, der den Fluch gewendet,
ein Schlag in Gottes Angesicht.

Der Rat fand kein' Schuld für den Tod,
warum musst Er trotzdem sterben?
Auf Gotteslästr'ung steht der Tod,
darauf muss man Klag erheben!

Der Hohepriester Ihm befahl:
Sprich, bist Du Christus, Gottes Sohn?
Jesus sprach's klar zum letzten Mal:
Ich bin's, ihr werdet sehn Sein' Lohn.

Erfreut der Hohepriester schreit:
Hört diese Gotteslästerung!
Der Hohe Rat drauf bös bereit,
zu fordern Seine Kreuzigung.

Das ist die Macht der Finsternis,
die Wahrheit teuflisch umzudrehn.
Die Macht der Liebe ist gewiss,
sie wird vom Tode auferstehn!

Wer Gottes Lieb und Gnad vertraut,
gehet nicht im Tod verloren,
hat seine Zeit auf Fels gebaut,
ist zum Himmel auserkoren.

Mein' Seel', lob Gottes Liebesmacht!
Versöhnung ist am Kreuz geschehn,
in der schwersten Todesnacht
den Tod der eignen Sünde gesehn.

Ohne Angst vor Gott einst treten,
kann, wer mit Ihm versöhnet ist.
Froh im Namen Jesu beten
zu dem, der Gnade nicht bemisst.

Manches hat sich schon erfüllet,
was Jesus prophezeit hat,
bald wird's ferne auch enthüllet,
glücklich, wer früh um Gnade bat.

31 Gefährliche Ziele

Der Mensch forscht nach dem Ursprung des Lebens
in den Pflanzen, Tieren, selbsteigenem Sein
und ausserirdisch Leben, vergebens,
die Ziele sind nichtig in Gottes Schein.

Kein irdisch Wesen kann Leben schaffen,
es kommt aus einer viel höheren Welt,
der Mensch kann alles zusammenraffen,
die verwegenen Ziele hat Gott verstellt.

Die die Wahrheit suchen, ahnen, wo's fehlt,
und merken, sie forschen am falschen Ort,
im Diesseits gefangen, wo alles vergeht,
fahren s' vorbei am göttlichen Wort.

Von Gott getrennt, ist alles verloren,
woll'n nicht wissen, wovon sie sich trennen;
nur die haben's wahr Leben erkoren,
die sich mit Jesus zu Gott bekennen.

Warum sucht der Mensch Leben in den Sternen?
Ist ihm die Erde als Heimat zu klein?
Was zieht seinen Geist in solche Fernen?
Überheblichkeit zieht ihn da hinein!

Der Mensch ist fasziniert von der Forschung,
selbst künstliche Intelligenz ist Trumpf,
sie vernichtet die letzte Beziehung zu Gott,
macht Sehnsucht des Gewissens stumpf.

Der Teufel erhebt sich selbst über Gott,
macht hohe Wissenschaft zu Komplizen,
wie der Turm zu Babel endet's im Spott,
merkt' nicht, dass sie dem Teufel dienten.

Gott hat Adam in die Erde gestellt,
ein Paradies voll Pflanzen und Tieren,
zum Wächter und Herrscher liebvoll bestellt,
musst's durch Teufels List schmachvoll verlieren.

Die Werke des Teufels zu zerstören,
hat Gott Seinen Sohn in die Welt gesandt,
vom Himmel gerufen, ihn zu hören,
glückselig wird, wer sich ihm zugewandt.

Gott straft die Menschen mit furchtbaren Kriegen,
Seuchen, Katastrophen und Erdbeben,
alles steht im Heiligen Buch geschrieben,
trotzdem werden's Ihm kein Ehre geben.

Im Gethsemane bat Jesus: Vater,
ist's möglich, wend von mir den Kreuzestod,
ist's Dein Wille, ertrag ich die Marter,
er musst' die Sünden tragen in den Tod.

Oft wird von Gott ein falsch Bild verbreitet,
unsere Sünden brachten Ihn in Not,
mit Jesu Tod uns Heil bereitet.
Weh' allen, die verschmähn dies Angebot.

32 Gottes Plan mit Seinem Sohn

Gott offenbarte Seinen geheimen Plan:
Himmel und Erde, Juden und Heiden,
die ganze Schöpfung wird dem untertan,
der auf sich genommen alle Leiden:
Jesus, Gottes Sohn.

Nur einer konnte den Preis bezahlen,
den Gott für die Menschenschuld fordern muss,
diese Schuld übersteigt alle Zahlen:
Blut vom Lamm Gottes und – Judaskuss:
Jesus, Gottes Sohn.

Dämonische Mächte zwischen Erde
und Himmel, verstossen von Gottes Thron,
teuflische Mörder, Lügen Feiernde,
Er wird sie richten, vergehn wird ihr Hohn:
Jesus, Gottes Sohn.

Das Fundament von Gottes selgem Reich
ist Seine Liebe und Barmherzigkeit;
es gibt kein Reich, das diesem Reiche gleich;
sein fester Grund in alle Ewigkeit:
Jesus, Gottes Sohn.

Du fragst: Wie wirds mir nach dem Tod ergehn?
Werd ich froh Engel oder Teufel sehn?
Gott hat dir den Friedensfürst gesendet,
folg Ihm, der Sündenmacht beendet:
Jesus, Gottes Sohn.

Was ist Wahrheit? Wahrheit ist Gottes Wort.
Nimm die Wahrheit an, sonst stirbst in Sünde.
Wahrheit ist Licht und Licht ist Gottes Ort.
Sterben in Frieden? Die Wahrheit finde:
Jesus, Gottes Sohn.

Beim Tod tret ich ins verheissne Reich,
mit irdischen Sinnen unbeschreiblich,
nur spärlich nennt die Bibel sein' Bereich,
keine Wahl, nur mit Einem erblich:
Jesus, Gottes Sohn.

Nur mit einem soll'n wir Gott verehren,
der mit Tränenblut Seinen Willen tat,
mit Ihm allzeit Gottes Lob vermehren,
dem Er alle Macht übergeben hat:
Jesus, Gottes Sohn.

33 Gerra, im Schatten des Gambarogno

In Gerra Gambarogno nicht eilet die Sonn,
spät kommt sie und scheinet, bringt doch Leben und Wonn.

In Gerra Gambarogno, im Schatten geborn,
doch im Schatten der Berge geht's schneller nach vorn.

In Gerra Gambarogno sind die Berge so schön,
wenn die Wellen im Lago froh tanzen im Föhn.

In Gerra Gambarogno hell Lieder ertön,
die da sind, und Gäste mit Marroni verwöhn.

In Gerra Gambarogno ein Kirchlein verweilt,
will dich gerne im Leben und Sterben geleit.

In Gerra Gambarogno ist Liebe nicht fern.
Der Lago umarmt's stürmisch, oft ruhig und gern.

In Gerra Gambarogno den Kreuzweg oft geh,
vertraue dem Herren, der schreit' über den See.

In Gerra Gambarogno lass Böses nicht zu,
lass die Sonn ohne Streit, ohne Neid gehn zur Ruh.

34 Guete Maa

Es git en liebe, liebe Maa,
dä isch so guet, so guet.
Er nimmt sis Schöfli uf sin Arm
und git im neue Muet.

Wänn dä bös Wolf chunt i der Nacht,
dänn nimmt Er's Schöfli wohl in Acht,
ich wott sis Schöfli sii,
dänn isch mi Angscht verbii.

Ich känn dä liebi, liebi Maa,
es isch min gueti Hirt,
i wott mit Im durs Läbe gaa,
los, chum doch au grad mit.

Und wänns au goht durs dunkli Tal,
es gföhrli wird bald überaal,
dänn fürch mi nid, dänn fürch mi nid,
min Hirt zerschlot das Bös wos git.

Min Heiland isch dä gueti Hirt
und au dä beschti Wirt.
Der Erde git Er Sunneschii
und Räge dass cha Läbe gii.

Am Chrüz hät Er sis Läble glaa
für disi Wält auf Golgatha,
für mini Sünd, für dini Sünd,
us Liebi – das sind sini Gründ.

Min Heiland isch uf Aerde gsii
vor langer, langer Ziit,
bald chunt er wieder, wart no chlii,
Er isch gar nümme wiit.

35 HALBTOT

Es gibt ein Sterben in fröhlicher Zeit,
das manchmal führet zu lustigem Streit,
es stirbt oft glücklich und ist doch nicht tot,
sag mir, was ist diese geheime Not.
Ich will dir gern sagen an diesem Ort,
was dies bedeutet, ein gesetzlich Gebot.

Es gibt viel schöne, artige Maid,
die geben oft fröhlich und ohne Neid
den weiblichen Namen aller Ehr'
dem Bräutigam zum Sterben her.

Der Nam' der Braut muss im Sarge sein
beim Hochzeitsfest mit froher Laun,
dies fordert des Gesetzes Macht,
sterbend Nam', gib auf dich Acht.

Was der Bräutigam schon tot geglaubt,
hat sich klammheimlich hochgeschraubt,
bis zum End des Bräutigams Nam'
des Brautvaters Name kam.

Da steht er nun und hält die Wacht,
neu Ehemann, nimm dich in Acht,
doch her, es ist nicht bös gemeint,
die Sonne doch für beide scheint.

In der Ehe haben beide Platz,
jedes ist des anderen Schatz,
drum darf der Name auferstehn,
beid' Namen sollen zusammengehn.

So soll das Paar sich nun erheben,
ins Eheschiff sich zu begeben,
lasst Gottes Hände niemals fahren,
sie werden Euch allzeit bewahren.

36 Himmelreich

Wenn du von einem Reich willst reden,
das keinem andern gleicht auf Erden,
sag mir, woher du dieses kennst
und gleich bei seinem Namen nennst.

Es gibt dies Reich, das nie vergeht,
ein Reich, wo's allen wohlergeht,
ein Reich, das keine Armut kennt
und sich von allem Bösen trennt.

Ein Reich, so unbeschreiblich schön,
erhaben über alle Höhn,
ein Reich ohn' Krankheit, Tod und Leid,
gleich einem wunderschönen Kleid.

Dies Reich ist unvorstellbar weit,
ist ohne Grenzen weit und breit,
ein Reich, wo Fried' und Freude wohnt,
Gerechtigkeit und Wahrheit thront.

Es ist das hochgelobte Reich,
den allerhellsten Sternen gleich,
ein Reich, wo jeder jeden liebt
und allen nur das Beste gibt.

Ein Reich, nach dem sich alle seh'n,
die hier mit Not durchs Leben gehn,
ein Reich, das alle Hoffnung stillt,
in dem stets neues Leben quillt.

Sag mir, wo find ich dieses Reich?
Es ist weit fern und nah zugleich.
Besteht es wirklich – ists nur Hauch,
nur leerer Wunschtraum, weisser Rauch?

Dem Gottlos' ist dies Lichtreich fremd,
er spottet: ist dumm Narrenhemd,
wer jedoch Gottes Wirken glaubt,
freut sich darauf, eh' er's geschaut.

Es ist das wahre Himmelreich,
besieget Satans Reich zugleich,
all's, was wir sehn, das wird vergehn,
dies Reich wird nie zu Ende gehn.

In diesem Reich steht Gottes Thron,
Er hat's gegeben Seinem Sohn,
es ist erfüllt von Gottes Geist,
der allen Gottes Willen weist.

Es ist klar wie kristallnes Meer,
es übertrifft all' Menschen Lehr,
was kluge Menschen je geschafft,
wird einst wie Staub hinweggerafft.

Hört, Jesus sagt: Den Jüngern mein
wird's Himmelreich die Heimat sein,
nur ihnen hab ich es erworben,
bin dafür am Kreuz gestorben.

»Ich weiss nicht, wie mir's ist geschehn,
durft bis zum dritten Himmel gehn«,
schrieb Paulus froh an die Korinther,
ein Gruss Gottes steht dahinter.

Wie schön wird diese Heimat sein,
mit Engeln leben, froh und rein,
da werden alle jubilieren
und mit Seligen regieren.

Dies Reich ist vielen noch verborgen,
wer's früh sucht, findet's schon am Morgen,
im Glauben gehe Schritt für Schritt,
der Geist des Herrn führt deinen Tritt.

Der Satan will dies Reich vernichten,
um das seine aufzurichten.
Manch böse Tat ist ihm gelungen,
mit Lügen und Gewalt verschlungen.

Johannes hat uns dies berichtet,
er ist besiegt und schon gerichtet,
Gott's Urteil ist noch nicht vollstreckt,
Sein grosser Zorn noch zugedeckt.

Am Tag, da Gott sich offenbart,
wird er gerichtet und verwahrt,
dann wird Gottes Plan vollendet
und des Bösen Macht beendet.

Noch ruft dich Jesus in Sein Reich,
sag nicht, das ist mir alles gleich,
nicht ewig bleibt der Himmel offen,
weh dem, der nicht eingetroffen.

Wie meint manch Mensch sich doch so klug,
fährt ohne Gott den eignen Zug,
wenn's dann zu spät ist, sieht er ein,
ich dummer Narr sagt immer Nein.

Sieh: Jesus setzt das Himmelreich
der wertvollsten Perle gleich.
Nichts konnt dem Finder widerstehn,
die wertvoll Perle zu erstehn!

Unmöglich, alles zu erzählen,
nur einiges konnt ich erwähnen,
was Jesus sagt von Seinem Reich,
Er bittet: Lest die Schrift doch gleich.

Das höchste Ziel ist Gott zu ehren,
Jesus kam uns dies zu lehren
und zu tilgen unsre Schuld,
wer Ihm folgt, steht in Gottes Huld.

37 Herzliche Grüsse

Das Herz des Menschen ist sein Ich,
sei es böse oder gut,
der Seelengrund von seinem Mich,
Leben im eigenen Blut.

Es ist Schöpfungskrone Gottes,
den erhobenen Engeln gleich,
wie goldener Kelch, voll des Trostes,
ein Juwel in Gottes Reich.

Dein Herz soll Gottes Tempel sein,
Er will darinnen wohnen,
Sein Geist sagt, dieses Herz ist mein,
hier will mein' Liebe thronen.

In den Tempel Jerusalem
drängten Bänkler und Händler,
sie machten sich darin bequem,
des Heiligtumes Schänder.

Jesus sah es mit Schmerz und Zorn
und warf sie alle hinaus,
zurück blieb nicht das kleinste Korn
im Eifer um Gottes Haus.

Sie sind wach, die bösen Geister,
treten frech ins Herz hinein,
Jesus zeigt, dass Er der Meister
ist im Tempel, Er allein.

Es war im Tempel ganz normal,
was einst die Händler taten,
gib Acht, dass nicht wie dazumal
Ungäst ins Herz geraten.

Was nicht ins reine Herz gehört,
feget Jesus restlos aus;
Er wartet nur, dass du Ihn hörst,
ruf'! Er endet allen Graus.

Schenk Gott dein Herz in dieser Zeit,
lass sein Geist in dir wohnen,
von Tod und Leid in Ewigkeit
wird Er dich gern verschonen.

Herzliche Grüsse schenkst du viel,
willst die Begrüssten freuen,
denk, ob sie allen wohl gefiel,
wenn s' in dein Herz dürft schauen?

Ist ein Herz voll Gottvertrauen,
voller Liebe und Geduld,
bitt s' im Glauben mit Bedauern
um Vergebung deiner Schuld.

38 Hochzeit eines Schreiners

Ein Liebespaar hat sich ergeben,
ins Eheschiff sich zu begeben,
der Bräutigam geht im Schiff voran,
seine Braut folgt keuchend hintenan.

Sie durchschreiten offene Räume,
alsbald erfassen beider Hände
die Tür zur wicht'gen Audienz,
der alte Käpten ist in Absenz.

Ein Matrose ruft gleich nebenan,
heute kommt niemand zur Trauung an,
ein Schreiner muss den Trautisch flicken,
der Kapitän tut anders ticken.

Der Bräutigam wird sichtlich sauer,
denkt laut, ich bin doch kein Bauer,
bringt schnell den kaputten Trautisch her,
den gleich zu flicken, fällt mir nicht schwer.

Er hobelte links, hobelte rechts,
denn nur glattes Holz leimt sich fest.
Ruft den alten Käpten zu Recht,
der Trautisch ist nun schöner, nicht schlecht.

Der Käpten stolz sein Amt jetzt tut,
nimmt das jung Brautpaar in seine Hut,
legt jetzt die Hände aufeinander,
als Frau und Mann geht miteinander.

Habt den Weg dazu selbst gehobelt,
liebt Fried und Recht und niemals mogelt,
nun bitt ich euch in Gottes Namen,
lasst Seine Hände niemals fahren.

39 Höhenflug

Es kreiset der Bussard, es kreist der Milan,
sie schweben ohn' Mühe auf himmlischer Bahn,
sie lassen sich tragen auf Flügeln so leicht,
die Luft strömt nach oben, von Erde entweicht.

Ja, Luft steiget aufwärts, von Sonne erwärmt,
das nützen die Vögel, wer hat sie gelernt?
Sei klug wie der Bussard, lern von dem Milan,
sie fliehen vom Boden, ziehn himmelan.

Sie weisen zur Sonne, die heller als Licht,
und ziehn dich nach oben, zu höherer Sicht.
Die Sonne ist Jesus, Er trägt dich hinauf
mit Flügeln des Glaubens, folg Seinem Lauf.

Die Vögel hoch oben ihre Runde drehn,
sie schauen nach unten und könn'n nicht verstehn,
die Menschen, die schaffen und eil'n immerfort
und finden kein' Ruh für das göttliche Wort.

40 Im Strom der Zeit

Die Tage fliessen in das Meer der Zeiten,
nur kurze Jahre bist du Erdengast;
lass sie nicht ungenutzt vorübergleiten,
wenn du noch keine Himmelsheimat hast.

Ins Meer der Zeiten fliessen deine Tage,
das Leid des Lebens unterjocht dich fast,
nur Jesus macht dich frei von Schuld und Klage,
wenn du noch keine Himmelsheimat hast.

Die Tage fliessen in das Meer der Zeiten
und immer schwerer wird der Sünde Last,
noch kannst du dich für Gottes Heil entscheiden,
wenn du noch keine Himmelsheimat hast.

Ins Meer der Zeiten deine Tage fliessen,
du suchst umsonst hienieden Ruh und Rast,
den Frieden Gottes wirst du nur geniessen,
wenn du erst eine Himmelsheimat hast.

Den Weg zur Heimat findest nie alleine,
Jesus hat ihn gebahnt durch Todesnacht,
’s gibt tausend Wege, aber nur der eine
führt zur ew’gen Heimat mit Gottes Macht.

41 In Sturmesnacht

Im Sturm des Nachts vom Blitz getroffen,
brannte ein einsam Bauernhaus,
Sturmglocken dröhnten, Hörner tönten,
was Beine hatte, stürmte hinaus.

Die Kühe brüllten, Schweine grunzten,
die Pferde zerrten an ihrem Strang;
alles erwachte und den Ersten
jedes Leben zu retten gelang.

Dem Feuer konnte niemand wehren,
das Wasser fehlte, Zisternen leer,
ohne zu löschen umzukehren,
fiel Feuerwehr und Helfern schwer.

Dem Tod entronnen Mensch und Tier,
der Kampf mit dem Feuer verloren,
denk nach, nichts bleibet uns hier,
bleibt nur, wer von Gott neu geboren.

Der Bauer am Morgen voll Sorgen
forscht in den Trümmern, findet ein Brett,
dies brandschwarze Brett will er borgen,
ein Erbstück war sein uraltes Bett.

Unter dem Brett, kaum zu glauben,
sass eine Henne, die Flügel breit:
nicht gefloh'n, unnütz gestorben,
war zum sinnlosen Tode bereit.

Der Bauer schob sie mit Füssen,
da wurd' der sinnlose Tod geklärt,
neun Kücklein könn'n 's Leben geniessen,
Mutterliebe im Feuer bewährt.

Ist's richtig, keine Mutterliebe!
Das Huhn nur gelenkt von Natur?
Wer gab der Natur denn die Triebe?
Tod und Leben von Gott, sei nicht stur!

Fragen um Freitod sind sehr aktuell,
wer bestimmt das eigne Leben nehmen?
Die Natur gibt Antwort, klar und hell,
weist auf Gottes Einvernehmen.

Niemand sollt' sich das Leben nehmen,
es hinzugeben, wann Gott es will,
Sein Wille muss sein Ja und Amen,
bleib gern in Ehrfurcht vor Ihm still.

42 Jahreswechsel 2008/09

Die Welt spricht von Frieden
und hasst ohne Not,
die Mächtigen treiben
die Wahrheit in Tod.

Hoch über unser Welt,
die zusammenbricht,
steht Gottes fester Thron
im ewigen Licht.

Dies Licht ist erschienen
und leuchtet so hell
in Herzen der Menschen,
die's einlassen schnell.

Dies Licht ist das Leben,
das wenigen passt,
Gott's Sohn – uns gegeben
und wer es erfasst,

Erlebt Gottes Liebe
in Freude und Leid,
in Arbeit und Liede
und 's ewige Kleid.

43 Jahreswechsel 2012/13

Der Friede ist der Erd entflohen,
schaust in die Welt, kein Friede mehr,
Terror und Krieg uns stets bedrohen,
viel' haben kein Zuhause mehr.

Noch haben Verschonte ein glücklich Leben,
sind noch bewahrt von Raub und Mord,
wohl dem, dem Heim und Brot gegeben,
des Land noch Frieden hat an Bord.

Schon viele sind von Leid betroffen,
verloren Heimat, Weg und Ziel,
kein schützend Haus steht ihnen offen,
Lieb, Glück und Hoffnung, alls zerfiel.

Gibt's keine Hoffnung mehr auf Erden?
Müss'n Angst und Schrecken weitergehn?
Wahrhaftig, Unheil, Not und Sterben,
sie werden einstmals stille stehn.

Der Mensch hat Gott nicht ernst genommen,
den Fürst des Lebens umgebracht,
doch Er wird bald wiederkommen,
der uns Erlösung hat gebracht.

Nur der vermag den Frieden bringen,
der stärker ist als Teufels Band',
den die Engel froh besingen,
der all's in allem hält in Hand.

Niemand vermag die Tat bemessen,
mit der Gott Frieden hat geschafft,
niemand kann Gottes Lieb ermessen,
als Jesus hing am Kreuzesschaft.

Denket an all', die uns verlassen
im letzten schon vergangnen Jahr,
sie rufen Gottes Gnad zu fassen,
im neuen Jahr sie uns bewahr.

Willst recht das neue Jahr bestreiten,
in dem du gehst, oft unentwegt,
lass dich von Gottes Liebe leiten,
Vertraun zu Ihm dein Herz bewegt.

44 Jubiläum

So lange währt die Sterblichkeit,
sind hundert Jahre lange Zeit,
doch für den Herrn der Ewigkeit
sind hundert Jahr ein Nichtigkeit.

Die Zeit ist ein unendlich Kreis,
Vergangenheit auf gleichem Gleis,
die Ewigkeit liegt ausser Zeit,
der Weg zu ihr oft gar nicht weit.

Der klügst Verstand wird kaum erfassen,
dass wir einst der Zeit entlassen;
das Ewigsein ist Gegenwart,
jenseits von Tod gilt andre Art.

Gott sieht und misst die Lebenszeit,
Er setzt die Grenzen aller Zeit
für dich und mich, für Arm und Reich,
für alles Sein, für alle gleich.

Nun steht sie da seit hundert Jahr,
die Kirche hier, von Gott bewahr';
sind's hundert Jahre Segenszeit,
für Lieb und Friede stets bereit?

Hat sie die Pflicht vom Herrn erfüllt,
war sie von Herzen stets gewillt,
zu hören auf des Meisters Wort,
und Verfolgten Hilf und Hort?

War sie von Gottes Geist erfüllt,
in Glaub' und Hoffnung eingehüllt,
hatte sie für Leut in Leid und Not
das göttliche Segensangebot?

Die Kirch erlebte Freud und Leid,
als die Orgel kam im schönsten Kleid,
war die Freude gross, all Bänke voll,
bitt' Gott, so's immer werden soll.

Schon fünfzig Jahre Orgelklang
mit Vorspiel, Chor- und Lobgesang,
heut manchmal bleibt die Orgel stumm,
Musiker fehl'n, bitt um sie drum.

Der Methodisten schönstes Ziel:
Jesus verkünd', der Gott gefiel,
der auf sich nahm den Kreuzestod,
zu retten aus der Sündennot.

Die Kirche braucht Ihn, der sie liebt,
der ihre Fehler auch vergibt,
der sie gegründet, hält sie fest,
mit Jesus gehen ist das Best'.

Er muss in ihrer Mitte stehn,
mit Seiner Hilf wird's aufwärts gehn,
der Sein Blut gab zum Neuen Bund,
stellt Seine Kirch auf festen Grund.

Gott, lass Dein Kirch' ein Leuchter sein,
führ viele in dies Licht hinein,
zu sehen, was kaum jemand sieht,
wie Satan diesem Licht entflieht.

Kommt, lasst uns alle staunend sehn,
welch gross Erbarmen ist geschehn,
wenn Sünder finden Gottes Gnad,
sind Engel selbst zur Freud gelad'.

Sieht man zurück auf hundert Jahr',
erkenn', wie gross die Gnade war,
die Gott geschenket Tag um Tag
in lichter Zeit, bei dunkler Plag.

Paulus beschreibt so sonnenklar,
Jesus allein ist wunderbar,
er kämpfte um die Siegeskron
und ist ganz nah an Gottes Thron.

Mein' Bitt: Gott segne unsre Kirch
und alle, die hier suchen Dich,
nimm an Gebete, Lob und Dank
und lass uns ruhn auf Deiner Bank.

Viele geleit' die Kirch zum Grab,
Jesus ihn' offne Türe gab,
ihr' Leidenszeit ist ausgeweint,
bald sind auch wir mit ihn' vereint.

So wahr Jesus wird wiederkehrn,
so wahr wollen wir ihn ehr'n
mit Beten, Danken, offnem Herz
in guter Zeit und auch im Schmerz.

45 Jerusalem, Stadt ohnegleichen

Jesus näherte sich Jerusalem
zu sei'm letzten Passafest und weinte,
Gott's Sohn, der geboren in Bethlehem,
kam in die Stadt, die David einst weihte.

Er sah die Zerstörung der Stadt voraus,
die Vertreibung Sein's Volks in die Welt,
den Friedensfürsten warfen sie hinaus,
hatten Gottes Liebe den Weg verstellt.

Verheerend ist's, Jesus abzulehnen,
Israel musst's büssen zu aller Lehr,
bald wird's den Gekreuzigten annehmen
und wird ein Segen sein zu Gottes Ehr.

Keine Stadt auf der Erd hat diese Ehr:
Hier baute Salamo Gottes Tempel
nach Seiner Weisung und Seiner Lehr,
ein irdisch Ort für Gott und Engel.

Nur zu diesem Tempel erschien Gott selbst,
Jerusalem erwählt zum Treffpunkt Gottes,
seine Zerstörung verschuldet es selbst,
die Wahrheit verbannt zu Teufels Spottes.

Keine Stadt so hoch, keine so abgrundtief,
hier ward der beste König getötet,
hier war's, wo Gott Ihn aus dem Tode rief,
die ganze Engelwelt darob jubelt.

Die Sünden trennen Gott von den Menschen
und brachten den Tod in Seine Schöpfung,
Einer hat die Macht vom Tod zerbrochen,
Jesu Kreuzestod schuf die Versöhnung.

An diesem Kreuz scheiden sich die Geister,
wer kann der Verdammnis entrinnen?
Jesus ruft tröstend: Folget dem Meister,
nur so könnt ihr's echt Leben gewinnen!

Auf dem Ölberg fuhr Jesus zum Himmel,
hier wird Er bald kommen in Herrlichkeit
wie ein König gekrönt auf dem Schimmel,
wohl dem, der zu Seinem Empfang bereit.

Schon sammelt Gott Sein Volk nach Israel,
es wird den Antichristen folgen,
doch siegen wird Immanuel,
Gott denkt an Neuen Bund am Morgen.

Noch sind Prophetenwort im Dunkel,
das Dunkel lichtet sich von Tag zu Tag,
wir sehen Zeichen bald am Himmel,
wacht auf, Er kommt wie ein Donnerschlag.

Jerusalem, der bedeutendste Ort,
die Stadt mit der grössten Vergangenheit,
ihre Zukunft noch grösser durch Gottes Wort,
wird Stadt des Friedens, Wohlseins und Weisheit.

Keine Stadt wurde so viel zertrümmert,
keine so viele Mal wiederaufgebaut,
volle Wahrheit: Gott sich um sie kümmert,
Feinde zerbrechen, wenn's Volk auf Ihn schaut.

Das irdische Jerusalem, Abbild
des Himmlischen, Heimat der Seligen.
Gott ist ihm Leben, Frieden, Licht und Schild,
neu Jerusalem, Stadt der Jubelnden.

46 Kaiserstuhl Kt. Aargau CH

Kaiserstuhl, einisch rüschtig, gross und rich,
mängs isch wägg, nus Gwändl isch no gliich.

Vo Fürschte uf äm Rägesbärg
schtarch erbaut am steile Bärg.

’s hätt Muure gha vom Turm zum Rhii,
’s Stedtli isch guet befeschtigt gsii.

Das hätt de Zürcher gar nid passt,
hüt sinds derwäge nümm vehasst.

Im Rhii hätt ’s Städtli Släbe zverdanke,
Brugg bringt vilmee als Frucht und Anke.

Ross sind cho mit schwäre Wage,
Lärm händs gmacht a däne Tage;

Hät es Gschpann nid möge gschnuufe,
ischs mit Vorgschspann Dhauptgass ufe.

Dä Gaschthof Poscht hät Zugross gha,
händ gholfe ziee, immer vornedra.

Das Schtedtli hät dä Kaiser gfreut,
zum Glück hät er das nid bereut.

Slandgricht hät er do iigrichtet,
im Amtshus das Amt verrichtet.

Für das hät er en Stuel lo mache,
rich verziert mit böse Drache.

Für de Tischler ischs gsii ä riesig Ehr,
do hät er gseit, was wotsch no mee.

Mät hät dänn gmeint, das isch es gsii,
wo im Schtedtli hät sin Name gii!

47 Kritische Evolution

Isch d' Aerde sgröschti Affehus,
gönd do all Affe ie und us?
Wänn du die wehrscht en Affe ziy,
sind dini Vorfahr sötig gsy!

Das seit üs d' Evolution,
ischs nid di gröscht Illusion?
Chan en Aff dänn musiziere
und ei Musig tirigiere?

Du tumme Aff, sisch nid so gmeint,
dä Urstamm hät si wänge teilt.
Dä erscht Teil isch bim Aff acho,
dä zweiti isch vill witer cho!

Dann wär de Mänsch de höchri Aff?
Sisch niedeso, du blöde Aff;
dä Mänsch ischs allerhöchscht Scheni,
goht wit a jedem Aff verbie!

Vom Urknall bis zum höchschte Turm,
vom Blauwal bis zum chlinschte Wurm,
vom Weltall, allne Galaxie,
söll d' Evolution dra sy.

Mag si wi'es will, i gseh nid i,
wi alls cha vomesälber si!
Hät d' Maria Aff' gebore,
isch si nid vo Gott erkore!

48 Kampfbereit

Die Erde ist ein furchtbar Ding,
erfüllt mit tausend Schrecken,
in ihrem innersten Verding
dämonisches Entsetzen.

Und über diesem Erdenrund
ein rasendes Gehetze,
der Mensch tanzt mit der Höll im Bund,
gerät in Teufels Netze.

Und drohend tönt ihr gottlos Lied
durch alle Völkerscharen:
Mit Gott gibt es keinen Fried,
dem Mensch gebührt das Planen!

Nur Einer fasst sich in Geduld,
Er kennt Sein siegreich Ende,
der Feind versinkt in seiner Schuld,
kraftlos wird seine Lende.

Hat auch der Feind ein grausam Macht,
bald wird er überwunden,
Jesus steuert Seine Jacht,
bewahrt in allen Stunden.

Am Todeskreuz von Golgatha
zerschelln der Feinde Heere,
das Wundenkreuz von Golgatha
rettet vom Sündenmeere.

Der Grund, darauf du gehst und stehst,
bestimmt dein ewig Schicksal,
drum prüf ganz ernst, wohin du gehst,
in Freude oder Trübsal!

Zum Kampf bereit, du Christenschar!
Christ' hat den Feind bezwungen,
je mehr er wütend greifet an,
je mehr wird er gebunden.

49 KLIMAWANDEL

Wenn von den Gletschern Tränen fliessen,
werden aus Steinen Blumen spriessen,
wo Wüstentiere heute dürsten,
lebten Menschen vorzeit' wie Fürsten.

Der Mensch verliess sich auf die Beine,
dann kamen Tiere an die Reihe,
Kamelen, Pferden setzt' er sich auf,
»immer schneller sein!« nahm seinen Lauf.

Mit Tieren kam er schon schnell voran,
doch bald bracht' die Technik neue Bahn,
heut fliegt er schon schneller als der Schall,
bald schneller wie Licht, mitten im All.

Mensch und Natur sind stets im Wandel,
bevor er selbst begann mit Handel,
hatte sich schon Vieles umgekehrt,
nicht Meer, nicht Land blieben unversehrt.

Gottes Schöpfung ist nicht Niemandsland,
Er gab sie den Menschen in die Hand,
Er schuf auf Erd den Garten Eden,
hier sollt der Mensch ein König werden.

Ein König vollkommener Gerechtigkeit,
zu behüten, was Gott hat bereit't,
und Gottes Wort sollt' er bewahren,
dann würd' er Fried und Glück erfahren.

Doch hier fingen Leid und Böses an,
als die alte Schlange zu ihm kam,
glaubt der Mensch ihr mehr als Gottes Wort,
bis heut geht dieses Unrecht fort.

Klimawandel, Urwaldzerstörung,
Artensterben, Umweltverschmutzung
sind Folgen Missachtung Gott's Gebot,
Gottlosigkeit bringt alles in Not.

Die Erde blutet aus tausend Wunden,
Gottes Wort sagt es unumwunden,
die grosse Ursach allen Leides
ist Ignorierung Gottes Leidens.

Er hat gelitten für alle Welt,
wer immer sich auf Seine Seite stellt,
um Vergebung bitt für seine Schuld,
findet Gottes Liebes Gnad und Huld.

Viele vergessen Gott zu loben,
denken nicht, was Er sieht von oben,
Er ist ewig, Er hat Zeit für dich,
Jesus sagt freundlich, sehet auf mich.

Letztendlich geht es um die Wahrheit,
unendlich mehr als Menschenklugheit,
Jesus sagt, wo sie zu finden ist:
in Gottes Wort, das Er selber ist.

50 Lob dem Kreisel

Der Strassenbauer liebstes Gut,
von Unbekannt vererbt im Blut,
ist nicht die höchste Brückenkunst,
der Kreisel liegt in ihrer Gunst.

Bist mit der Kutsche einmal drin,
hat alles andre keinen Sinn;
kommst einmal nicht hinaus auf's Mal,
ist das noch lange kein Skandal.

Fahrt weiter nur im Kreis herum,
bis es der Kutsche wird zu dumm;
spielst mit den andern Katz und Maus,
ist's mit dem Strassenfrieden aus.

Es hupt und kreischt, die Höll ist los,
es liegen alle Nerven bloss;
Kamel, Rindvieh, geborner Aff,
der Kutschenfahrer ist ganz baff!

So viel Ehr ist er nicht gewohnt,
der Kreisel hat sich wohl gelohnt!
Von allen Seiten fahrn s' hinein,
nur einmal raus, das ist gemein!

51 Lebensraum Erde

Ich lebe auf der Erde: Ein Liebeswerk Gottes
Ich lebe auf der Erde: Man fragte mich nicht
Ich lebe auf der Erde: Ort teuflischen Spottes
Ich lebe auf der Erde: Find Gottes Gesicht

Ich lebe auf der Erde: Hier bin ich geboren
Ich lebe auf der Erde: Weil Gott es so will
Ich lebe auf der Erde: Ohn' Gott ganz verloren
Ich lebe auf der Erde: Bis Herze steht still

Ich lebe auf der Erde: Inmitten von Mächten
Ich lebe auf der Erde: Bösen und Guten
Ich lebe auf der Erde: Dämonische Stätten
Ich lebe auf der Erde: Himmlische Gluten

Ich lebe auf der Erde: Bei Lüge und Wahrheit
Ich lebe auf der Erde: In Dunkel und Licht
Ich lebe auf der Erde: Mit leuchtender Klarheit
Ich lebe auf der Erde: Sieh Jesu Gesicht

Ich lebe auf der Erde: Hier lebte Gott selber
Ich lebe auf der Erde: Freu dich der Erde
Ich lebe auf der Erde: Hier starb Gott für Sünder
Ich lebe auf der Erde: Alles neu werde

Ich lebe auf der Erde: Bedenk, dass du wanderst
Ich lebe auf der Erde: Die Zeit steht nicht still
Ich lebe auf der Erde: Im Glauben noch wandelst
Ich lebe auf der Erde: Solange Gott will

Ich lebe auf der Erde: Kann ihr nicht entrinnen
Ich lebe auf der Erde: An Zukunft gedacht
Ich lebe auf der Erde: Muss stets mich erinnern
Ich lebe auf der Erde: Dass Gott alls gemacht

Ich lebe auf der Erde: Verlass sie für immer
Ich lebe auf der Erde: Der Tod holt mich ein
Ich lebe auf der Erde: Und seh wie ein Schimmer
Ich lebe auf der Erde: Werd dort glücklich sein

52 LAZARUS

Zu Tische sass der reiche Mann
vor köstlich Fisch und zartem Lamm,
und trank von dem besten edlen Wein,
betete zum frommen Schein.

Der Reiche hatte noch viel mehr
als Überfluss an Speis und Wein,
im Rat genoss er grosse Ehr',
gar prächtge Güter waren sein.

Vor sei'm Palast ein Bettler sass,
geplagt von Hunger, wunden Bein',
er hoffte, von dem Überfluss
wird für ihn Abfall übrig sein.

Der Reiche gönnt dem Armen nichts,
die Hunde leckten angesichts
der Diener dessen Wunden rot,
niemand gab ihm ein Bissen Brot.

Der Tod – gebot dem Elend Halt,
das Herz des Reichen liess dies kalt,
ein Engel trug den Armen fort
zu dem von Gott bestimmten Ort.

Da – kehrt der Tod beim Reichen ein,
vorbei wars nun mit frommen Schein,
im Totenreich erlitt er Qual,
ihm blieb gar keine andre Wahl.

Da – sah er überm Abgrund fern
ein wunderbares Gasthaus stehn,
er sah den Wirt, schön wie ein Stern,
von einem Tisch zum andern gehn.

Zu Tisch sass auch, er sah es klar,
der arme Mann, der bei ihm war,
und was ihm ganz das Herz zerriss,
der Wirt war Abraham, gewiss.

»Hör, Abraham, erbarm dich mein,
send Lazarus zu mir herein,
dass er meine Zunge kühle,
grosse Pein ist diese Schwüle.

Abraham schenkt der Bitt kein Ohr,
dem Lazarus – Gott Glück erkor.
»Jeder empfängt hier seinen Lohn,
der Reich erhält den bittren Hohn.«

Der Mann erlebt nun, was es heisst,
zu leben ohne Gottes Geist,
er bittet Abraham – zuletzt,
zu warnen seine Brüder jetzt.

Durch Lazarus, den er verschmäht,
sollen sie der Höll entrinnen,
bevor der Tod sie niedermäht,
soll'n sie sich auf Gott besinnen.

»Lazarus würden sie verstehn,
wenn sie ihn würd'n vor sich sehn.« –
»Sie folgen auch dem ‚Toten' nicht,
verachten der Propheten Licht.«

Abraham – auf Gottes Weise
versaget Lazarus die Reise.
»Sie haben Gottes Wort zur Hand,
das führet wohl ins Himmelsland.«

Abraham Erd und Himmel kennt,
die Wahrheit klar beim Namen nennt,
verhungern liess er Lazarus,
jetzt wär er froh um seinen Gruss!

Die Hölle ist der Gottlos'n Ort,
das sagt der Herr mir eignem Wort,
sie sehn die Gläubigen im Glück,
könn'n kein Schritt vor und kein zurück.

Gott gab die Schlüssel in die Hand,
der Tod und Hölle überwand,
es ist Sein Sohn, der Herre Christ,
wohl dem, der immer bei ihm ist.

Lazarus vor deiner Türe,
Gott will, dass du gerettet wirst
und er dich zum Himmel führe,
ein Feiertag wird, wenn du stirbst.

53 Lebensweisheit

Gott offenbart sich auf verschiedene Weise:
durch Reden, Seinen Geist, die Schöpfung, Seinen Sohn.
Die Heilige Schrift zeigt auf schriftlichem Gleise,
Jesus spricht von Seinem Vater im klarsten Ton.

Jesus sagt: Wer mich sieht, sieht Gott, meinen Vater;
wer bei Jesus ist, ist bei Gott, durch Seinen Geist.
Gottes Sohn erlitt bei uns die schlimmste Marter
als Gottes Gesandter, der uns zum Vater weist.

Er kam, um unsere Schulden zu bezahlen,
schwerste Schuld, die Tod, ewige Verdammnis ist,
diese Schuld hat Er am Leib ans Kreuz getragen,
für die, welche nicht verpassen die Gnadenfrist.

Wer der Bibel glaubt, kann Gottes Macht erkennen:
Auf eine Bitte standen Sonne und Mond still.
Niemand kann die Gebilde im Weltall lenken,
sie müssen die Bahnen laufen, wie Gott es will.

Die Menschen haben viel ungelöste Fragen,
sie fürchten, der Planet Erde werde zu klein.
Was wird, wenn Billionen Menschen drauf leben,
ist es nicht besser, ohne Nachkommen zu sein?

Überlass, kluger Mensch, doch Gott alles Planen,
Er hat unserer Erde längst Grenzen gesetzt,
vertraue Ihm immer, dann wirst du's erfahren,
im Glauben sind wir schon jetzt in Sein Reich versetzt.

Was ist mit denen, die keine Bibel haben?
Ihr Fehlen entschuldigt die Gottlosigkeit nicht.
Gott bezeugt sich mit unermesslichen Gaben,
doch sie lieben die Finsternis mehr als das Licht.

Er hat's allen gesagt, der weiseste Meister,
seht nicht mal die Wunder, die mein Vater getan,
einz'ger Sohn, Herrscher alles Lebens und Geister,
sah Vögel, Blumen und Wiesen mit Ehrfurcht an.

Was sind es für Werke, die von Gott selbst zeugen?
Zuerst der Mensch selbst, denn er ist Gottes Geschöpf,
dann Pflanzen und Tiere, Gestirne im Reigen,
ohne Ihn wäre Nichts, nicht ein Wassertropf.

Gottlose leugnen Gott und geben Ihm doch Schuld,
den Widerspruch ihres Denkens merken sie nicht,
ihr verdunkeltes Denken ist nicht ohne Grund,
fern von Gott, fern der Wahrheit die Vernunft zerbricht.

Finstre Mächte machen die Sicht zu Gott trübe,
sie versperren den Menschen den Weg zur Wahrheit,
Jesus nannte Satan den Vater der Lüge,
Er verurteilte seine Lügen mit Klarheit.

Nach dem Tode werden wir mit Staunen sehen,
mit welcher Macht und Liebe Gott uns hier führte,
Johannes sah sie am Throne Gottes stehen,
ihre sel'ge Herrlichkeit sein Herz berührte.

Was Menschen philosophieren, denken, planen,
sehen die einen als Glück, den andern ist's Mist,
die Lebensweisheit verlässt irdische Bahnen,
sie sucht Wahrheit und Frieden mit Gott, der ist.

54 Lebensfrage

Warum geboren?, frag ich tausendmal,
wenn nicht geboren, wär einfach nicht da,
hätte keine Sorgen, hätt keine Wahl,
würd niemand ärgern, trät niemand nah.

Kann mir kaum vorstellen, dass ich nicht bin,
nun bin ich geboren, zu welchem Sinn?
Könnte nichts machen, sei's gut oder schlecht,
muss nun hier leben, wer gibt mir das Recht?

Hab Vater und Mutter wie jedes Kind,
konnt sie nicht wählen, 's wird immer so sein,
die haben gute Eltern, glücklich sind,
die mit schlechtem Los, die Geburt bewein'n.

Geht's nur um Eltern? Es geht um viel mehr,
der Mensch ein Geheimnis? Viel's weiss er nicht,
Gott hat ihn geschaffen zu Seiner Ehr,
er sieht sein Leben nur in Gottes Licht.

Nur wer Gott glaubt, kann sich selbst erkennen,
Gott wurde Mensch, damit wir Ihn sehn
und können viel' Seiner Taten nennen
und was Ihm auf Erden alles geschehn.

Zwischen Gott und Mensch ist ein böser Feind,
weil der Mensch diesem glaubt, wurde er verbannt,
bracht Himmel und Erd unermesslich Leid,
Jesus hat ihn Fürst dieser Welt genannt.

Die Menschen folgen gottlos diesem Feind,
der hat sich hinter dem Fortschritt versteckt,
tarnt sich als Lichtsengel und Menschenfreund,
seht, Jesus hat die Wahrheit aufgedeckt.

Es war für Gott wahrlich kein leichter Weg,
die Menschen aus des Teufels Macht befrein,
ihnen zu schaffen einen sichern Steg,
darauf sie können gehn in Himmel ein.

Menschen haben sich an Gott vergangen,
sie haben sich vom Schöpfer abgewandt,
sie sind in der digitalen Welt gefangen,
die Heilig Schrift hat sich an sie gewandt.

Wer kann Gottes Gerechtigkeit erlangen?
Unbezahlbar vom Mensch ist seine Schuld,
Gott wurde Mensch, Engel sahn's und sangen,
zu tilgen diese Schuld durch Seine Huld.

In Jesus ist alles neu geworden,
Sein' Lieb zu uns ist übermächtig gross,
durch Seinen Geist werden neu geboren,
die Ihm vertraun, haben's schöne Los.

Nur mit Jesus ist Gott unser Vater,
Gott als Vater? Wer weiss, was das bedeut't?
Wer Seinem Geist folgt, dem Berater,
lebt in Hoffnung, die nie Geburt bereut.

Einst hat Hiob seine Geburt verflucht,
Freunde haben keinen Trost gespendet,
im schwersten Leiden hat er Gott gesucht,
in Gottes Gnad seine Zeit beendet.

Schrecklich ist Judas am Seil gestorben,
der die Wunder sah, die Sein Meister tat,
Jesus sagt', wär besser nie geboren,
Judas ein Mensch, sieh an, was er tat.

Ungefragt bin ich hier angekommen,
dem Lebensraum, wo Gut's und Böses wohnt,
Wunderbares hab ich hier bekommen,
Vergebung von Gott, der im Himmel thront.

55 Licht der Sonne / Licht von Gott

Frühmorgens steht die Sonne auf,
begrüsst den neuen Tag.
Den einen bringt sie Licht und Leben,
den andern tödliches Verderben,
fragt nicht, wer sie verwünscht und mag.

Einst ehrt' der Mensch sie selbst als Gott
und betete sie an.
Astronomen ist sie nur ein Stern,
noch mächt'gere gibt's in grauer Fern,
was hat man ihr nur angetan?

Sie ist kein Gott, sie spricht kein Wort,
hat weder Sinn noch Geist,
ein glühender Himmelskörper nur,
muss wandern auf Gottes weiser Spur,
ohn sie alls zum Tode vereist.

Die Sonne ist ganz Licht und Kraft,
unbänd'ge Energie.
Heut kann man vom Weltall viel verstehn,
doch nie seinen Kräften widerstehn,
der Sonn' befehlen kannst du nie!

Der Mensch ist nur ein kleiner Wurm
vor seinem Schöpfergott,
grösser als der Sonne Licht Sein' Lieb
für all', die in Seinem Buch geschrieb,
vor Ihm versinkt all' Spötter Spott!

Es gibt ein' Finsternis im Herz,
kein irdisch Licht durchdringt's,
Jesus sagt: »Ich bin das wahre Licht.«
All' Angst, Tod und Sündmacht dran zerbricht,
hör zu, dein offnes Herz bedingt's!

56 Neues Leben

Das Paar klingelt am frühen Morgen
und niemand musste Fragen, warum.
Ein neues Menschlein drängt und macht Sorgen,
muss aus dem Bauche, ebendarum.

So muss es werden, nichts Leicht'res findest,
wie Gott es verordnet, muss es geschehn,
wie Menschen werden, ist es begründet
im Buche der Schöpfung, dort kannst es sehn.

Kein Mensch erblickt sein Leben im Stolze,
jedes Leben hat seinen eig'nen Preis,
das ew'ge: Jesu Leiden am Holze,
das irdische: den Schweiss im Lebenskreis.

Das Paar erlebt ein Wunder in Schauer,
strahlende Freude nach blutigem Schmerz,
so ist das Leben der Menschen in Trauer,
ewige Freud, die Gott schenkten ihr Herz.

Hilflos beginnt unser Leben auf Erd,
kein einziges kann allein überleben,
dass nach diesem Leben ein neues wird,
muss es sein's dem Allerhöchsten geben.

Ein Würmlein sah ich verirrt auf der Strasse,
es wand sich in Schmerzen dem Tode nah,
das ist der Mensch, im göttlichen Masse,
der gottlose, der nie Sein Wort ansah!

Hilflos beginnt unser Leben auf Erd,
kein einziges kann allein überleben,
dass nach diesem Leben ein schön'res werd,
muss es sich dem Sohn Gottes ergeben.

Die ersten Menschen hatten nur Tiere,
um auf der Erde viel weiter zu gehen,
heut will er weiter als alle Meere,
er will Länder fern der Erde sehn.

Gott hat dem Menschen die Erde anvertraut,
wie lange sieht Er dessen Treiben zu?
Mit Milliarden wird Raumzeug gebaut,
Millionen hungern, Mensch, wer bist du?

57 Ode an den Parco Botanico am Gambarogno, Tessin

Überm Lago Maggiore,
am Berge Gambarogno,
lieb gepflanzt mit Passione,
träumt Parco Botanico.

Am steilen Hang hoch überm See
blühen Bäume wunderschön,
Magnolien und Azaleen
rauschen leis im leichten Föhn.

Die Sonne hat sie aufgeweckt
vom tiefen Schlaf im Winter,
mit Schnee und reif lang zugedeckt,
freun sie sich frei und munter.

Glyzinien, Kamelien,
eine bunte Blütenpracht,
Farben schön wie Melodien,
wer hat alls so gut gemacht?

Ich such den schönsten Busch und Baum,
nur Engel könn'n ihn finden,
die Blüten schau'n in Himmelsraum
mit Königsrhododendren.

Wie schön muss es im Himmel sein;
wenn schon auf böser Erden
der Herrgott solche Blüten fein
lässt wachsen und gedeihn.

Zwischen Bächlein lebt der Park,
ein kleines in der Mitte,
Pflanzen und Wasser Lebensmark,
Gott, schenk ihm beides, bitte!

Die Bächlein spring'n von Stein zu Stein
zum blauen See hinunter,
ich trink von ihrem Wasser rein,
macht müde Seele munter.

58 Verstönder Rafzertütsch?

Neiaberei, das goht doch niid,
e Chatz am Schwanz uflupfe;
was du machsch, das isch gar nid gschiid,
me sött di a de Hoore rupfe.

Kafitiere isch me us de Hände grutscht,
Gaggalari, chasch nid ufpasse!
Cha nüt defür, si isch nudmänd abegrutscht,
häsch gha, trink us de läre Tasse.

’s Chalb isch usem Schtall furtgrännt,
Cheibezüg, wo ischs dänn hii?
I glaub zum Bronne, wills dä kännt,
ränn äntli furt und hols no ii!

De Heiri seit zum guete Aesse: Ei, ei, ei,
de Schaaaggi: Das isch aber guet;
ischs omekehrt: ’s schtinkt wie es fuuls Ei,
das seit me niid, das git bös Bluet.

Hör uf chrampfe, mer gönd jetz hei!
Nu paar Gable voll, dänn bini fertig,
Langwiiler, glich wies Hinkibei,
’s isch immers Gliich, gar nid luschtig.

Lueg, di-e Frau de tisch au müed,
me isch doch nid müed in däm Alter,
di-e das gseit hät, war ni-e müed,
hät Chraft gha wie en Leu im Psalter.

Gnau wiene Uhr, zur gliiche Ziit,
isch de Stälijokeb de Chilewäg abe,
's Laufrod hät grasslet meilewiit,
d Lüüt händ sich grichtet noch sim Chare.

De Güschtel hät Bsuech gha vum Zürisee,
en Bueb und es Meitli, händ wele öppis tue;
chönd Gülle pro Beetli e Channe, nid mee.
dasch kei Gülle, nu Mischt und Brunz vu der Chue.

De Vatter: Mer gönd in Awandel gu Garbe binde,
gang no gschwind i Schütti und hol Garbeseili abe,
die Grosse träget zue, de Chlii leit d'Seili zum Binde,
gschirs Rösli unds Schöfli a und bring de Garbewage.

De Muserköbi hät wele en Haas verschüsse,
derwäge hät er en uf en Schpaltstock gsetzt,
dä hät aber no wele 's Läbe gnüsse,
gumpet nudmänd abe, Kugle hät andre Has verletzt.

Bringed mit em Handwage neui Räbstäcke i d' Halde,
nämed Schtrauschnür, 's Stossise und de Gertel mit,
läsed 's Räbholz und die kabutte Stäke uf vum Bode,
i tu Schtäkestosse, büscheleds Holz, dass schöni Burdi git.

Das hät no gfählt, d' Schimpfwörter sind no gliich,
Wanze, Hüener, Schofchopf, Kamel und Aff,
Rindvieh, Esel, Schlange, ugattigs Viich,
vunere Dräcksau isch me schochli paff.

De Runtschelekönig isch kani Ehr,
Zwätschge und Fregatte sind besser gschtellt,
fuuli Götsch, Tubel und Löli gits mee,
hilf der Schachtle, wo en Köter abällt.

Aber Urguets sött me ni-e vergässe,
früener händ d’ Lüüt no Ehrfurcht gha vor Gott.
Si händ nid nu bättet vorem Aesse,
bim Bättzitlüüte sinds schtill gsi vor Gott.

59 Rafzerlinde auf dem Gnal

Die Linde auf dem Gnal sagt mir allemal,
wenn ich bei ihr steh, was sie sah und seh.
Das Dorf zu ihren Füssen wär ihr Gemahl
und acht, wie's ab- und aufwärts geh.

Stolz sei sie auf das Dorf mit seinen Häusern,
seinen tücht'gen, arbeitsfreud'gen Leuten;
Kirche, steile Giebel, Schornsteine, die räuchern,
neu Flachdächer ihr Ärger bereiten.

Von oben blickt sie auf das weite Rafzerfeld,
Felder, Reben, ferne Berge mit Schnee;
die Fernsicht bei der Linde ist viel mehr als Geld,
freu mich auf die Linde, sooft ich sie seh.

Als der Lotarsturm tausend Bäume fällte
und auf dem Gnal manch Stamm am Boden lag,
die Buche unter Linde Schutz sich stellte,
da wurd' die Angst im Herz zum Tag.

Die alte Buche mit zwei gleichen Stämmen
war in der Kinderschul mein Marterbaum,
als kleiner Bub wusst ich mich nicht zu kämmen,
im Herz der Tante fand ich keinen Raum.

Musst auf der Buch zwischen sein Stämmen sitzen
und zuschaun, wie die andern sich vergnügten,
bis Seil und Griff zu Boden glitten
und die Kinder sie in Händchen hielten.

Am Seil marschierte drauf die bunte Kinderschar
den Gnal hinab ins Dorf, wie sich's begab,
die Linde weiss noch mehr, wie's früher war,
viel Guts und Unguts es auch früher gab.

Kühe und Pferde belebten die Strassen,
auch ohne Asphalt war nirgends Dreck,
mit Kuhdreckwägeli sondermassen
kämpften die Kinder um Mist gar keck.

Pilger kamen ins Dorf vom Nachbarland,
zum Kloster Einsiedeln wollten sie gehn,
Grossvater reichte ihnen seine Hand,
sie konnten nicht wohl in den Schuhen stehn.

Es müssen Erbsen in den Schuhen sein,
zur Buss müssen sie auf Erbsen gehn,
zur Lind'rung kochten sie's zum Schein,
der Abt im Kloster bekommt's nicht zu sehn.

Die Biese wehte, der bösen Tat Genuss,
Feuer wird's verhasste Althaus fressen,
ein Feuerstrahl durchs Dach in Himmel schoss,
da kehrt der Wind, dummes Gottvergessen.

Das Nachbarhaus, Heimat zwei alter Frauen,
ihr Nachbar hasste sie, war an seins angebaut,
für Teufels Plan musst er dem Wind vertrauen,
hab mit den Frauen allem zugeschaut.

Der Wind zerfetzt' die bösen Pläne,
Brandlegers Haus ward abgebrannt,
die alten Fraun vergossen manche Träne,
Gott sei Dank, das Böse ward verbannt.

Dem Ziegelbähnli ein Dank gebührt,
von der Ziegelei fuhr es zur Station,
wo der Weg durch den Bahndamm führt,
warnt ein Signal, soll Leut verschon.

Tuckerte das Bähnli zum Signal,
rannt Lokführer zum Signal, stellt um,
war's vorbei, dreht er's zum zweiten Mal,
rennt dann zur Lok, ein Fehltritt wäre dumm.

Im letzten Kriegsjahr auf Europaboden
flog ein US-Bomber bei Rafz in die Schweiz,
Granaten unsrer Flak ihn schwer bedrohen,
wirft Bomben ab, entkommt bereits.

Eine Bombe zertrümmert Haus und Leben,
acht Personen, Unglück und Glück zugleich,
zerstörtes Dorf, unendlich Sterben,
wenn alle getroffen, der einen gleich.

Nur halblaut klagt's die Linde, seht, wer Böses tut,
im Langenriedt war Räubertum geschehn,
wild' Bauern raubten Pilger um ihr Gut,
sie legten Feuer, es blieb kein Haus bestehn.

Ich seh vom Gnal im Abendrot die Sonne,
eine goldne Kugel, konnt sie fassen,
ich halt die Himmelskugel voller Wonne,
es war zu schön, hat mich im Traum verlassen.

Linde auf dem Gnal, zeig mir die beste Wahl,
die Wurzeln und der Stamm tragen die Kron,
die Heilige Schrift sagt's mit tausendmal,
sie ist der Lebensbaum, hör ihren Ton.

60 Zum schönen Namen Rosmarie

Wie ein Röslein blüht am Hage,
selbstlos nur für andrer Glück,
so darfst du an jedem Tage
Röslein sein ein kleines Stück.

Sonne muss ein Röslein haben,
sonst erstirbts, eh es geblüht.
Sonne scheint im schönen Namen,
die Liebe Jesu nie verglüht.

Schönste Rose muss erst sterben,
wenn sie auferstehen will,
Rose, willst du ewig leben,
halte deinem Schöpfer still.

Halt Ihm still wie einst Maria,
als ein Engel zu ihr kam,
freudig singe Halleluja,
wer den Heiland zu sich nahm.

Hart war der Maria Leben,
schwer traf sie des Sohnes Kreuz,
ewig lebet sie in Freuden,
Herrlichkeit lohnt ihren Schmerz.

Kennst du jetzt den schönen Namen,
wenn du heissest Rosmarie?
Leb ihn aus in Jesu Namen,
Rose seist du und Marie!

61 Das Spinnlein von En Gedi

David ist auf der Flucht, der König will ihn töten,
mit auserlesnen Kriegern, dreitausend an der Zahl,
jagt König Saul ohn Sinnen den Gott Wohlgesinnten.
Er sieht ein Loch im Felsen, steigt auf, hat keine Wahl.

Warum wird er verfolgt, der Goliath besiegte,
Israels Schmach getilgt, die Goliath verhöhnte?
Ist's nur des Königs Neid, seine Ehrfurcht, die verletzte?
Merkt Saul den Teufel nicht, der ihn auf David hetzte?

Von David wird er kommen, der grosse Friedensfürst,
wird Sünd und Tod vertilgen, den Teufel niederringen.
Er kennt den Heilsplan Gottes, der böse Engelfürst,
drum will er den umbringen, der Gottes Heil wird bringen.

Tief in der kleine Höhl, hoch in den Steinbockfelsen,
fand David das Versteck, kein Mensch wird ihn dort finden.
Da sieht ein Späher Sauls das kleine Loch im Felsen,
ist das jetzt Davids End, wer kann sein Schicksal wenden?

Steig zu dem Loch hinauf, vielleicht ist David drinnen,
ruft ihm der Feldherr zu, wir müssen ihn gewinnen.
Der Späher ruft zurück, niemals ist David drinnen,
das Loch ist zugewebt, lasst uns kein' Zeit verrinnen!

Das Spinnlein hat ihr Netz, das David hat zerrissen,
schnell wieder neu gewebt, David dem Tod entrissen.
Meinst, könnst nichts Gutes tun, denk an das Spinnlein hier,
auch du kannst Grosses tun, ist Jesus nur mit dir.

62 Singt Gott, dem Schöpfer

Singt dem Herrn ein neues Lied,
singt von seinen Wundertaten,
was wir sehn, ist nur ein Glied
von sei'm unerschöpflich Walten.

Warum lehnst du Mensch Gott ab,
der du ohne ihn nicht wärest,
der Verleumder wehrt dich ab,
dass du seine Lügen hörest.

Merk, Gott ist doch viel zu gross,
dass man ihn erfassen könnte,
darum kam er klein und bloss,
weil er uns sich nicht vergönnte.

Wenn du Gottes Sohn veracht,
veracht'st du den Vater selber,
hast du denn noch nie bedacht,
welch ein End nimmt der Verderber!

Von des Schöpfers Hand und Macht,
niemand unser Sein kann trennen,
dem, der seinen Sohn uns bracht,
kann niemals ein Mensch entrinnen.

Gottlos ist modern und feil,
Urknall verdrängt der Bibel Lehr,
doch nur der findt 's ewge Heil,
der glaubensvoll gibt Gott die Ehr.

63 Schönster Mauerfall

Nur mit einem Volke schloss Gott einst den Bund,
dem erwählten Volke machte Er sich kund.
Ihm gab Er Gebote, ihm das Priestertum,
nur dem Abram schwur Er, ihn wählt' Er zum Ruhm.

Nur aus diesem Volke kam das göttliche Wort,
ihm gab Er Propheten, ihm das Lebensbrot.
So schuf Gott zwei Teile, unerforschlich Grund,
hier die Bundsgenossen, dort die ohne Bund.

Gott schuf eine Mauer zwischen diesen Teil,
ein verborgne Mauer trennt ein Teil vom Heil.
Sie ist abgerissen, einer hat's vollbracht
und aus beiden Teilen ein einzig Volk gemacht.

Wie war das nur möglich, diese grosse Tat,
da Gott allen Menschen, in sein'm gnädig Rat,
Seiner grossen Liebe, Seinen Sohn uns gab,
um die starke Mauer, die dazwischenlag,

aus dem Weg zu räumen, macht den Weg nun frei,
bis die ganze Schöpfung in Gott vereinet sei.
Oh welch hoch Geheimnis, von dem Paulus spricht,
nur der Glaub' wird's fassen, dass es wirklich ist:

Weder Jud' noch Heide, niemand kommt zu Gott,
nur mit Jesus Christus, gegen allen Spott,
denn nur dieser eine, Gottes lieber Sohn,
ist am Kreuz gestorben, schuf den Gnadenthron.

Warum brachte Jesus dies grosse Opfer dar?
Er will allen Menschen, es ist offenbar,
freien Zugang schaffen in sein Friedensreich,
seine Liebe schenken, die ihm folgen gleich.

Dass die Trennungsmauer abgetragen ist,
bleibt noch oft verborgen, das ist Satans List.
Drum schenk, lieber Vater, der all Nacht durchbricht,
dass bald alles Volke sieht Dein ewig Licht.

64 Sohn Gottes wird Menschensohn

Ein Engelfürst hat den Frieden zerstört,
der zwischen Himmel und Erde bestand;
der Teufel hatte die Menschen betört,
Gott sandt' drauf Sein Friedensstifter ins Land.

Gott suchte Sein Ebenbild auf Erden
unter den Menschen, all ihren Söhnen,
fand niemand nicht beladen mit Sünden,
fand keinen Gerechten, Ihn zu versöhnen.

Gott ruft den Mensch, der ohne Sünde ist,
Er selbst will Vater dieses Menschen sein,
erwählt Maria, ihr kein Sünd' bemisst,
und Bethlehem soll sein Geburtsort sein.

Ganz Unfassbares ist dann dort geschehn:
Gottes Ebenbild in Marias Sohn,
der uns erlöst aus dem Unfried und Vergehn,
für uns erlitten Kreuz, Tod, Spott und Hohn.

Daniel hatte ihn im Geist gesehn
mit tausend Engeln an Gottes Thron,
gekrönet mit Ehren den Menschensohn,
zum Herrscher der Ewigkeit ausersehn.

Das Gottesreich, regiert vom Menschensohn:
Macht das nicht Angst auf Tod, Gericht und Qual?
Wär's nur ein Mensch, oh undenkbare Wahl!
Gottes- und Menschensohn, ein Jubelton.

Kein Mensch vermag dies Geheimnis lüften:
allmächtiger Gott und Marias Sohn,
eines Wesens im göttlichen Hirten,
Anbetung und Ehr Ihm an Gottes Thron.

Jesus Christus, Gottes Heiland der Welt,
Er hat sich als Menschensohn eingestellt,
Gottes Liebe und Erbarmen erhellt,
folg und vertrau Ihm, Er will kein Entgelt.

Kein Entgelt, ist bei Gott alles Geschenk?
Was könnte ein Mensch denn Gott anbieten?
Gott will nur, dass wir Seiner Lieb gedenk,
Er will dir Vater sein mit Sei'm Geliebten.

65 Studierende am theologischen Seminar St. Chrischona

Wir sind eine entschlossne Schar,
wollen Gott dienen immerdar,
unser Leben sei Ihm geweiht,
weil Er uns hat von Sünd' befreit.

Von Sünden frei, wie kann dies sein,
kein Mensch kann ohne Sünde sein!
Denk nicht, ich werd vor Gott bestehn,
wer kann schon in den Himmel gehn?

Gott offenbarte Seinen Plan,
hat ihn Propheten aufgetan:
Er sandt' uns Seinen einz'gen Sohn,
wir haben teil an Seinem Lohn,

uns losgekauft mit eig'nem Blut,
furchtbar gelitten uns zugut,
Gott nimmt Sein Leiden für uns an,
hat uns den Himmel aufgetan.

Deswegen loben wir Gott heut,
der ganze Himmel sich dran freut,
an jedem Mensch, der Jesus ehrt,
mit ganzem Herzen zu Ihm kehrt.

Dies ist unser gemeinsam Ziel,
kein' Last sei uns dafür zu viel,
zu rufen: Kommt zu Jesus heut!
Wart' nicht, sonst wird's zu spät bereut!

66 Tod eines Soldaten an der Ostfront, 1943

Die reifen Ähren wiegten sich
im Wind zu Millionen,
doch unter diesem Frieden schlich
der Tod, um hier zu holen.

Verlassen stand das goldne Feld,
das furchtbar war umstritten,
auf seinem Grunde lag ein Held,
wer ahnt, was er gelitten?

Die Feinde waren jetzt versprengt,
sie werden nicht mehr kommen –
doch weh, vom Pulver schwer versengt,
dem Führer wollt' er grollen.

Niemand fand ihn im Feldesgrund,
kein Arzt focht um sein Leben,
der Kämpfer sah des Lebens Bund,
von Todesangst umgeben.

In seiner grossen Angst und Not
konnt kein Freund ihm begegnen,
da neigten sich an seinem Ort
die Ähren, ihn zu segnen.

Und fragend schaute der Streiter
die Ähren lange an,
sterbend dachte er weiter –
da öffnete sich die Bahn:

Ihr seid bereit zum Sterben
und ich muss mit euch gehn,
ach könnt ich doch mein Leben
noch einmal rückwärtsdrehn.

Ihr seid bereit zum Sterben?
– Gestorben sind wir schon. –
So flüsterten die Ähren
mit leisem Himmelston.

Der reifen Ähren Sprache
der Sterbende verstand,
es neigte in den Ähren
sich Jesu gnädge Hand.

Einst hörte er die Botschaft
vom sterbenden Weizenkorn.
Jetzt greift sein Glaube zaghaft
nach diesem Lebensborn,

und immer fester fasst er
des Heilands Retterhand,
oh wunderbare Umkehr
im fernen Feindesland.

Er glaubt: Nun darf ich sterben,
und jenseits auferstehn,
Jesus hat mir erworben
ein Land in Himmelshöhn.

Sein Blut für mich geflossen,
im Glauben fasst ers nun,
oh selges, selges Sterben,
wie Samenkorn zu ruhn.

Noch einmal flammte leise
sein sterbend Leben auf,
da schrieb zu letzter Reise,
am End vom Pilgerlauf,

der Sterbend letzte Worte
dem lieben Mütterlein.
Sie fand an diesem Orte
der Schnitt'rin wackre Reihn.

Still kamen sie zusammen,
tief beugten sie die Knie,
so teure Tränen rannen
von diesen Schnitt'rin nie.

Es stand in kurzen Zeilen
des Kämpfers letzter Gruss:
Könnt ihr die Freude teilen?
Mein's Lebens letztes Muss

ist mir ein tröstlich Scheiden,
in Gottes Lieb ich ruh;
tut ihr den Weizen schneiden,
in Garben binden nun,

dann lobt des Herren Gnade,
dann dankt Ihm tausendmal
für Seine grosse Gabe.
Des Heilands Abendmahl.

Sein Leib für mich gebrochen
am Kreuz von Golgatha,
Sein Blut für mich geflossen,
mir armem Sünder da.

Und aller Schnitt'rin Hände
sich falten zum Gebet,
oh dass ein jeder fände,
worauf der Glaube steht.

Sie dankten Gott der Ernte,
sie priesen Seine Gab,
ein herrlich Lob sich mehrte
zu Gottes Ehr und Gnad.

Kein Erntetag auf Erden
war je wie dies' geschehn,
er soll bei uns so werden,
Gott möcht's bei uns so sehn.

67 Tod eines Predigers

Es war die Zeit nicht lang,
die ich bei Dir gewesen,
mir ist ein wenig bang,
durft gern bei Dir genesen.

Wie unser Jakob war,
gibt es nur wenig Wesen,
hab bei Dir immerdar
Zufriedenheit gelesen.

Die Tage wurden schwer,
der Tod schritt rasch zu Werke,
doch immer blieb nur Er,
der Heiland, Deine Stärke.

Der Feinde wurden viel,
die Dir am Leben zehrten,
doch fest bliebst Du am Ziel,
als sich die Leiden mehrten.

Du trugst die schwere Last
des Kreuzes still verborgen,
nur ein Schmerz hat Dich fast
erdrückt in Deinen Sorgen.

Wird auch die Martha mein,
die liebe Frau, die gute,
wenn ich werd von ihr sein,
stark sein in heil'gem Mute?

In Hoffnung bliebst Du fest,
Dir fehlte nie der Glaube,
dass Gott in Ost und West
viel Wunder tut am Leibe.

Mein Trost, Du hattest Ihm,
dem Herrn allein vertrauet
und Gottes gnäd'ges Ziel
im Glauben angeschauet.

Du littest schwer, mein Bruder,
doch heute ist's vorbei,
Du fährst mit goldnem Ruder
auf Himmelswassern frei.

Du trägst auf Deinem Haupte
der Treue Ehrenkron,
uns selig lobst, ich glaubte
an Jesu Gnadenlohn.

Du warst ein treuer Bruder,
oh gäb's von Dir noch mehr,
von Glaub geladnes Fuder
bracht'st Du Dei'm Heiland her.

Erkenn, o Mensch, in Trauer,
was einst gemessen wird,
wenn auf Thrones Mauern
der Richter stehen wird.

Er misst dich nach der Treue,
Er sucht bei dir danach,
zu spät kann sein die Reue,
drum strebe jetzt ihr nach.

Ist hier noch eine Seele
nicht frei vom Sündenjoch,
auf dass es ihr nie fehle,
hört unsern Bruder noch.

Er hat für dich gebeten,
ergreif das ewge Heil,
die Freude der Erlösten
ist auch dein bestes Teil.

Willst unserm Bruder danken
weit übers Grab hinaus,
dann gib gleich ohne Wanken
dem Heiland 's Herz heraus.

Du warst ein Unbekannter
im grossen Weltenreich
und doch des Herrn Gesandter,
zu Gottes Ehr und Preis.

Du starbst im besten Alter,
wir halten still vor Gott,
der selbst im sichren Halfter
hält fest der Hölle Rott.

Er führt' dich treu hinüber,
trug dich ins schönst Geschoss,
und leis klingt's schon herüber
aus deinem sel'gen Los.

Du gingst als tapfrer Streiter
durch tiefe Todesnacht,
ein Engel führt' dich weiter,
hielt bei dir stille Wacht.

Und als die Himmelsleiter
dir schon zu Haupte stand,
sprachst leis, geht tapfer weiter,
lobt Gott im Erdenland.

So ruh nun aus, mein Bruder,
jetzt bist du wohlbekannt
beim Heiland, unsrem Bruder,
der alles Leid verbannt.

Auf Paradieses Stufen
seh ich dich winken schon,
hast uns zugerufen,
bin allem Weh entflohn!

Ich kann nicht Worte finden
für das, was dir geschehn,
Jesus wird uns verbinden,
bis wir uns wiedersehn.

68 Unfassbarer Gott

Gott ist Gott, das höchste Wesen,
nichts ist, was Ihm vergleichbar wär,
Er schuf aus Nichts, was nie gewesen,
nur Gottesleugnern ist Er eine Mär.

Dank sei Dir Gott, dass Du uns Vater
nach Deinem Bild geschaffen hast,
uns erlöst aus Teufels Marter
und geschenkt die ewge Rast.

Niemand kanns Leben erklären,
seis in Menschen, Tier und Baum,
was blieb denn, wenn wir nicht wären?
Es gibt Unmehr in Gottes Raum!

Nicht menschenwürdig ist die Art,
wie Törichte Gott selbst leugnen,
Er ist kein Mensch mit weissem Bart,
sie werden der Wahrheit begegnen.

Materie und Energie
sollen Ursprung der Schöpfung sein,
alles funktioniert doch nie,
wenn kein Ordnung kommt hinein.

Wie entstehen Lieb und Freuden,
Geist und Denken, Gut und Schlecht?
Gott ist mehr, als wir könn'n denken,
nie wird der Mensch Gott selbst gerecht.

Versteh doch, Mensch, dass Gott alls schuf,
nur Menschen halten nichts von Gott,
der Teufel selbst fürcht't Gottes Ruf,
nur Menschen machen Gott zu Spott.

Weil wir Gott nie begegnen können,
kam Er zu uns in unsrer Art,
Engeln hat Er dies gegönnen,
zu schaun, was Er uns offenbart.

Dies Wunder kann kein Mensch verstehn,
das einst in Bethlehem geschah,
das Glaubensaug nur kann es sehn,
wie Gott im Mariakind ist da.

Wenn wir diese Welt verlassen,
ist dies unser letzter Trost,
dass dies Kind für uns gelassen
sein Leben und uns ausgelost

vom Gericht und ewgen Qualen,
die wir durch Sünd verschuldeten,
Hölle ist nicht auszumalen,
die Gott verschliesst Begnadeten.

Weil Jesus Gottes Willen tut,
ist für die der Himmel offen,
die glauben ans Versöhnungsblut,
das Er hat am Kreuz vergossen.

Je weiter unsre Forschung führt,
je grösser wird das Unbekannt,
wir haben nur ganz klein berührt,
was Gott mit einem Wort genannt.

Gott ist ferne aller Forschung,
wir ahnen nur, dass Gott Gott ist,
Ihm gebührt die grösst Verehrung,
glaub Ihm, der Lieb' mit Liebe misst.

69 Umwelt aktuell

Alles spricht von Umwelt heut,
von Verschwendung durch die Leut,
aber nicht nur dies machts aus,
vieles andre ist ein Graus.

Konzerne dürfen Wälder schlachten,
Habgier Mensch und Tier verachten,
wo sich Macht und Geld vereint,
Kreatur und Umwelt weint.

Uns Bürgern hier wirds noch vergönnt,
wer ein bisschen Holz verbrennt,
die Chüngel würden Luft verpesten,
man muss bald jedes Streichholz testen.

Umwelt achten wir schon anders,
acht drauf, wie du lebst und gehst,
ist die Mitte was Besondres,
ists auch die Umwelt, die sich dreht.

Kannst die Nachbarn nicht vertragen,
bleiben manchmal nichts als Fragen,
Nachbarn lassen sich nicht ändern,
aber du kannst dich verändern.

Eines aber gilt fast immer,
resignieren machts nur schlimmer,
wer sie ehret, liebt und schont,
wird von Ungemach verschont.

Wer für sie das Beste tut,
findet manches sogar gut,
wer sie achtet mit Manieren,
wird sie meistens auch parieren.

Umwelt kann mit Freud verwöhnen,
aber auch dein Glück verhöhnen,
ist die Zuneigung nur Schein,
bleibst am besten ganz allein.

Umwelt ist ein grosser Rahmen,
hier geht's auch um Nachbars Scharen,
geht's um Strassen, Rauch, Abfall, Welt,
wer gäb dafür ein klein Entgelt?

70 Vaterunser & Künstliche Intelligenz

Jesus lehrt uns beten: Vater im Himmel.
In letzter Stunde das höchste Geschenk.
Wo find'st du Halt fern vom Erdengewimmel?
Wohin geht's im Sterben? Dieses bedenk!

Nicht alle kommen zum Vater im Himmel,
nur die auf dem richtigen Wege gehn,
die Jesus gehören vom Fuss zum Scheitel,
die immer in Seiner Nähe stehn.

Viele meinen, sie hätten Gott zum Vater,
das Plappern des »Unser Vater« hilft nicht,
Gott macht Seine Kinder durch Jesu Marter,
das Lösegeld vor dem letzten Gericht.

Viele wissen nicht, was heisst »Unser Vater«,
die Seinen betens in Jesu Namen,
Er gab ihnen Seinen Geist als Berater,
den sie als göttlichen Trost vernahmen.

Modernen Menschen ist die Bibel zu dumm,
gehen im Bogen um das Vaterunser,
ihr Denken und Forschen ist gottlos und krumm,
im Tod wärens froh, zu sein im »Unser«.

Ersatzgott ist »künstliche Intelligenz«,
sie ist stolze Hoffnung dieser Menschen,
sie ist ihnen die sichere Existenz,
wird sie auf irrige Wege lenken.

»Künstliche Intelligenz«, Segen, Sorgen?
In Tat und Wahrheit ist sie Menschenwerk,
babylonischer Hochmut nicht verborgen,
Gott sieht, was die Menschen machen, das merk!

Von alters weiss man die Weisheit Salomos,
doch weiser als Salomo ist Jesus,
in Gottes Nähe sein, ist das schönste Los,
niemand ist näher bei Gott als Jesus.

»Künstliche Intelligenz«, ein Paradies?
Ziel ungeahnter Höhen und Tiefen?
Gott spricht: Das Herz der Menschen ist hart wie Kies,
würden's Mich hören, Ich würd sie rufen.

71 Den eignen Vater wählen?

Väter verkaufen ihr eigenes Kind,
unmenschlich solche Väter sind;
andere missbrauchen ihre Kinder,
so brutal sind diese Schinder.
Kinder, abgericht zu Arbeitstieren,
müssen Grossbetriebe schmieren.

Gute Väter führen Kinder weise
durch die kurze Jugendreise,
geben ihnen Essen, Heim und Liebe,
hüten sie im Weltgetriebe.
Glücklich sind, die gute Eltern haben,
leben wohl in ihren Gaben.

Unsre Welt: mal gut, mal grausam und schlecht,
wo finden betrogne Kinder Recht?
Niemand, nie, kann seine Eltern wählen,
unschuld' Unglück nicht zu zählen,
Ungerechtigkeit wird verkehrt in Recht,
viel Mächtige sind des Teufels Knecht.

Gott sei Dank, Er schafft ein gerechtes Reich,
der allerschönsten Perle gleich,
ein Reich, dem Tod und Teufel sind verwehrt,
in diesem Reich wird freudig Gott geehrt.
Jesus lehrt uns beten: Dein Reich komme,
in diesem Reich ist Er die Sonne.

Dieses Reich steht allen Menschen offen,
ein ewig Reich, das Gottes Sohn gehört,
auch der grösste Sünder darf hier hoffen,
wer ehrlich bittet, wird erhört.
Steh auf: Mit Jesus kannst Sein'n Vater wählen,
Er wird dich zu Gottes Kindern zählen.

Gott zum Vater wählen? Höchste Gnade Sein!
Wer's wagt, dem sagt Er: Du bist mein.
Vom Vater im Himmel aufgenommen,
darfst mit deinen zu Ihm kommen,
in Zeit und Ewigkeit in Seiner Hut,
wird möglich nur durch Jesu Blut.

Auf Erden wurde Jesus abgelehnt,
diese nannte Er Teufelskinder,
dem Teufel hatten sie sich angelehnt,
merkten nicht den argen Binder.
Wer Gott nicht zum Vater hat gewählt,
wird dem Teufel zugezählt.

Denk, was Jesus für uns hat gelitten,
alle Schuld am Kreuz bestritten.
Gott wartet schon lange auf dein Kommen,
zögere nicht, bald kann's sich Wenden,
Gnadenzeit kann unerwartet enden,

Bald wird die Kunde vom Gnadenbunde
in der ganzen Welt gehört,
die Welt, wird hören die frohe Kunde,
wenn Jesus holt, wer Ihm gehört.
Den Gottlosen wird das Spotten vergehn,
wenn sie Jesus vom Himmel kommen sehn.

72 Verschiedene Wege

Sobald der Tod sich naht zu mir,
steh ich wahrhaftig ohne Zier
vor Gott, dem Weltenrichter.

Zwei Wege stehen dir zur Wahl:
der Weg des Lebens – der der Qual,
des Himmels und der Hölle.

Die Pfort zum Himmel: klein und eng,
der Weg dahin oft schmal und streng,
wer klug ist, wird ihn wählen.

Jesus schritt auf dem schmalen Weg,
geh mit ihm doch den gleichen Weg,
kein andrer führt zum Himmel.

Die Himmelspfort: warum so klein?
Weil niemand kommt durch sie hinein,
der mit Gepäck beladen.

Gib Jesus ab dein Sündenlast,
Er nimmt dich auf als Ehrengast,
lädt dich zum Mahl der Gnaden.

Im Himmel gibt es keine Not,
er ist des Heilands Angebot,
das Reich der sel'gen Freuden.

Die Pfort zu Höll: prachtvoll und weit,
der Weg dahin bequem und breit,
das Volk drauf kaum zu zählen.

Die Hölle ist des Sünders Lohn,
das Reich des Elends, Angst und Hohn,
die Nacht ist ohne Morgen.

Du kannst nicht auf zwei Wegen gehn,
oh dass du's möchtest recht verstehn,
der gute Weg ist Jesus.

Halt fest an Gottes Lieb und Treu,
mit Jesus schafft Er alles neu,
befreit von Schuld und Bangen.

Ergreif die ausgestreckte Hand,
die Gott dir reicht in Jesu Band,
so darfst im Frieden sterben.

73 Vertrauen im Grauen

Mensch, freu dich an der Natur,
dafür braucht niemand die Matur.
Hast weder Freund noch Freude mehr,
wirf alle Sorgen fort ins Meer,
ach wenn ich's könnt, tät's noch so gern,
mir leuchtet nie ein heller Stern.

Wenn niemand hier noch an dich denkt,
sieh, Einer ist's, der 's Schicksal lenkt,
in Wahrheit bist du nie allein,
über dir wacht das höchste Sein.
Was ist, das ist durch dies geschehn
und ohne dies bleibt nichts bestehn.

Wunderbar sind Seine Taten,
schwerlich wirst du es erraten,
der alles, was es gibt, getan,
wird von viel Menschen abgetan;
die Wahrheit bleibet ewig stehn,
die Lügen müssen untergehn.

Der Du die schönste Blumenpracht
und alles Gute hast gemacht,
kamst zu uns als ein Menschenkind,
um uns zu zeigen, wer wir sind,
kein Verstand kann's je verstehn,
der Glaube muss Unglaub verwehn.

Die Weltgeschichte hat's gezeigt,
wer sich den Lügenmächten beugt
und denkt: Gott kann's doch nicht geben,
muss am End die Höll erleben,
wer Gottes Lieb und Ehre wahrt,
wird vor dem bösen End bewahrt.

So wahr Gott's Sohn die Wahrheit ist,
Sein Name ist Herr Jesus Christ,
so wahr nimmt Er die Sünden fort,
für die, Er Zuflucht ist und Hort,
die sind am End erlöst vom Leid,
empfangen 's weisse Ehrenkleid.

Ach wenn du doch erkenntest klar,
was für unheimlich Mächt sind wahr,
du würdest dich um Hilf umschaun
und unverwandt dem anvertraun,
der, was Er hält in Händen fest,
von keiner Macht entreissen lässt.

74 Vergeltung eines toten Hundes

Einst liebte er die schnelle Jagd,
dem Jäger trieb er seine Beute,
nun ist er einsam, krank, verzagt,
misstraut der eignen Meute.

Er träumt von Hasen und Fasan,
von wilder Jagd durch Berg und Tal,
wem hat er Böses je getan?
Warum jetzt Leiden und die Qual?

Am Wegrand hört er, halb im Traum,
jenseits der Strasse, unterm Baum,
ein Hasenpaar, das ohne Scheu
sich gütlich tut an Gras und Heu.

Ein Sprung, ein Knall, der Hund ist tot,
die Strasse färbt sich blutigrot,
das Mörderauto flieht landaus,
ein Hundeleben nur ist aus.

Bald plattgewalzt wie ein Papier
liegt er zerdrückt im Staube,
der Wind verweht das dürre Tier
dem Fliegenheer zum Raube.

Vom armen Hund bleibt fast kein' Spur,
nur Fell und Haut und Knochen,
ein Zahn fällt aus dem Schädel nur,
an dem die Fliegen rochen.

Zehn Monate später braust daher
das Mörderauto wieder,
nun steht des Hundes Zahn zur Wehr
und duckt sich nicht darnieder.

Der Zahn sticht tief in Pneu hinein,
die Luft verpufft mit Fauchen,
der Fahrer leidet Angst und Pein,
das Rad beginnt zu rauchen.

Das teure Blech zerschellt mit Knall
am Mauerstein beim Stege,
ein Leben zieht davon im Hall
auf unbekanntem Wege.

Die einen sterben plötzlich, schnell,
andre warten lang auf's Ende,
das End ist denen immer hell,
die bei Gott sind vor der Wende.

75 Wiesental

Ich kenn ein Dörflern im Wiesental,
umsäumt von duftigen Wiesen,
ein Wässerchen mit Fisch und Aal
tut herzlich den Wanderer grüssen.

Es läuft gar wunderlich seinen Weg,
wo findest sonst solche Reise?
Es rauscht laut unter dem kühnen Steg
auf lustiger Lebensreise.

Ich kenn das Dörflern gar wunderbar,
so schön, ich kann's dir kaum sagen,
ein Kirchlein am Heine, schön es war,
umfliegen jung Vöglein im Reigen.

Es träumt aus alter, verehrter Zeit,
wenn Not ist, kommt sie dann zurücke?
Da flüstert das Bächlein: Sei bereit,
den Trauernden bist du stets Glücke.

Bin einst in Ferne in weiter Welt
und hat mich ihr Glanz betrogen,
so such ich das Dörflern wohlbestellt,
dort bin ich im Elend geborgen.

Drum kehr ich heimwärts ins Wiesental
und seh das Kirchlein mich grüssen,
dann grüss ich's zurück gleich tausendmal,
es sagt, du musst mir nichts büssen.

Sein Turm zeigt aufwärts zur Heimat hin,
zur Heimat über den Sternen,
das Bächlein flüstert: Ein Mann dir dien,
gibt Wasser des Lebens zu trinken.

Gott spricht zum Menschen durch manche Art,
Er will ihn vom Tode erlösen,
Er hat eine Perle uns aufbewahrt,
befreit uns von allem Bösen.

Sein einz'gen Sohn hat Er uns geschenkt,
glücklich, wer Ihn ins Herze nimmt,
einst sehn wir klar, wie Er uns lenkt
und mit Liebe all's zusammenstimmt.

76 Winter

Der erste Schnee ist gefallen,
Berge und Täler sind schon weiss,
Weidetiere fliehen in Hallen,
gekommen ist die letzte Geiss.

Nächte werden lang und länger,
das Tageslicht endet so kurz,
Dämmerung macht Ängste bänger,
ein Bergweg verschwindet am Stutz.

Im Jahreslauf ist der Winter
für die Natur die gross' Ruhezeit,
Alt' ziehn in Hütten, dahinter
liegt Brennholz zum Spalten bereit.

Das Wachsen der Pflanzen steht still,
das Wildtier hat sich verkrochen,
ist Zeit zum Fragen, was Gott will
und was geglückt, was zerbrochen.

Die letzte Jahreszeit, der Winter,
für viel' ein Paradies im Schnee,
rassig messen sich die Sprinter,
andren macht's Sorg, wie's weitergeh.

Blick auf, Wolken sind verzogen,
blauer Himmel, unfassbar Meer,
alles leuchtet hocherwogen,
macht Seele froh wie lang nicht mehr.

77 Weihnachtsmysterium

Weihenacht voll glücklich Lieder,
Engelchöre singen drüber.
Gott schliesst mit den Menschen Frieden
durch das Kind, in Krippe liegen!

Einst sprach Gottvater zu dem Sohn:
Ein Engelfürst will meinen Thron,
ist mir treulos abgefallen,
nimmt die Erd für sich gefangen!

Nun setz ich dort die Menschen ein,
ein' neue Schöpfung muss es sein:
im Gehorsam, mir zu dienen,
all's in meinem Namen führen!

Der neue Mensch ist nicht lang treu,
hört Satans Stimme ohne Scheu.
Der falsche Engel hat's geschafft,
des Menschen Ehr' hinweggerafft.

So wurd' der Mensch getrennt von Gott,
der Erzfeind Gott's macht ihn zum Spott.
Des Menschen Sündenfall ist da
und endet erst auf Golgatha.

Unfassliches ist dort geschehen,
im Paradies war's wunderschön;
das Ebenbild von Gottes Lieb
liess sich verführ'n zum sündigen Dieb!

O welch Vergeh'n, sagt Gottes Sohn,
ich werde Mensch, verlass den Thron,
ich weiss, 's wird schwer, die Sünd ist gross,
doch ich nehm auf mich dieses Los.

Der Engelfürst kann's nicht verstehn,
Gottes Plan wird weitergehn!
Der Mensch, der kehrt zu Gott zurück,
wer Jesus folgt, find't dieses Glück.

Nur Jesus bringt das Gottesreich,
bleibt Gottes Sohn und Mensch zugleich.
Er musste Leiden Schmach und Tod
und hat besiegt des Satans Mord.

Niemand kann 's Geheimnis fassen:
alle Sünd sind dem erlassen,
der Jesu Tod für seinen nimmt,
im Glauben ew'ges Leben find't.

Die grösste Tat von Gottes Lieb
ist nicht der Erd und Himmel Lied,
ist Gott's Geburt zu Bethlehem,
da wurd' ein Mensch Gott angenehm!

Nie werden wir Gott ganz verstehn.
Warum muss so viel Leid geschehn?
Gott spricht ganz leis: Frag nicht, warum,
einst wirst es schaun: es war darum!

78 Weihnacht der Urahne

Andächtig wankt am dürren Krückenstabe
Urahne auf und ab im Kämmerlein,
all ihr Lieben schlafen längst im Grabe,
's ist ihr, sie leb auf Gottes Welt allein.

Und doch hat sie zur Christnacht eingehandelt
ein grad gewachsnes Tannenbäumlein aus dem Wald,
mit Nüss' und Kerzen hat sie's umgewandelt
zu einem würdigen Weihnachtsbäumchen bald.

An Christnacht zündet sie mit zittrigen Händen
ein Kerzlein nach dem andern am Bäumchen an,
sie leuchten, man sieht die Bilder an den Wänden,
die Heimgegangnen sehen Urahne an.

Sie sieht ihren Mann, Kinder und Kindeskinder
und setzt sich traurig zum Weihnachtsbäumlein hin.
Sie steht auf, mit den Krücken geht es linder,
wandert ums Bäumchen, will es schenken Ihm.

Dies Bäumlein will sie weihen, ihrem lieben Herrn,
Ihm ist sie verbunden, Er ist ihr heller Stern.
Sie denkt an die Toten, sie hatte alle gern,
jetzt wünscht auch sie zu sterben, ist der Friedhof fern?

Sie setzt sich zu dem Bäumchen, fragt nach Gottes Will,
und immer matter wird der Schimmer im Kämmerlein,
das Ofenholz hört auf zu knistern, es wird still,
bescher mir ein selig Ende, send die Engelein.

Am Tannenbäumchen löscht Licht um Lichtlein aus,
sie faltet still die Hände, spricht mit dem Heiland sein.
Der Tag ist schwer gewesen, sie ruht sich endlich aus,
kein Kraft, ins Bett zu gehen, schläft auf dem Stuhle ein.

Es schwand die Nacht, der Tag war angebrochen,
die Nachbarin will nach der Urahne sehn,
sie rüttelt an der Tür, jetzt ist sie aufgebrochen,
ein Kerzenduft wird vom Wind verwehn.

Sie geht ins Haus und find't im kleinen Zimmer
das alte Mütterlein am Weihnachtsbaum,
es sitzt auf dem Stuhl wie immer
mit gefalteten, kalten Händen im heiligen Raum.

79 Wegmarken bei Jesus, Gottes Sohn

Gottesfurcht beseelte den Alten Bund,
im Neuen gilt das allerhöchst Gebot:
Gottes- und Nächstenliebe, dies tat kund
und hats erfüllt für uns in Todesnot:
Jesus, Gottes Sohn.

Nur einer konnte den Preis bezahlen,
den Gott für die Menschenschuld fordern muss;
diese Schuld übersteigt alle Zahlen,
Blut vom Lamm Gottes und Judaskuss:
Jesus, Gottes Sohn.

Es war beim Passamahl vor seinem Tod,
nahm ein Brot, zerbrachs und gabs den Jüngern
und sprach: Das ist mein Leib für euren Tod,
mein Tod wird den zweiten Tod verhindern:
Jesus, Gottes Sohn.

Desgleichen nahm er einen Becher Wein:
Trinkt all' davon, das ist mein eigen Blut,
zum Neuen Bunde fliesst dies Blut allein,
zum Friedensbund, dies allerhöchste Gut:
Jesus, Gottes Sohn.

Denkt stets an mich beim Mahl mit Brot und Wein,
bin mitten unter euch, bringe Frieden.
Wer zu mir kommt, lad ich in Festsaal ein,
die ich reingewaschen hab von Sünden:
Jesus, Gottes Sohn.

Das Fundament von Gottes hellem Reich
ist seine Liebe und Barmherzigkeit;
es gibt kein Reich, das diesem Reiche gleich,
sein fester Grund in alle Ewigkeit:
Jesus, Gottes Sohn.

Was ist Wahrheit? Wahrheit ist Gottes Wort.
Nimm die Wahrheit an, sonst stirbst in Sünde.
Wahrheit ist Licht, und Licht ist Gottes Ort.
Sterben in Frieden? Die Wahrheit finde:
Jesus, Gottes Sohn.

Du fragst: Wie wird's mir nach dem Tod ergehn?
Werd ich hold Engel oder Teufel sehn?
Gott hat seinen Friedensfürst gesendet,
folgt dem, der Sündenmacht beendet:
Jesus, Gottes Sohn.

80 Weisse Wolken am Himmel

Weisse Wolken am Himmel,
wie herrlich und hehr,
sie ziehn wie die Schiffe
im tiefblauen Meer.

Weisse Wolken am Himmel,
sie türmen sich auf
zu mächt'gen Gebirgen,
und niemand steigt drauf.

Weisse Wolken am Himmel:
wer hat sie getraut?
Verhüllen die Erde
wie Schleier die Braut.

Weisse Wolken am Himmel
verdunkeln sich schnell,
wenn's aufblitzt und donnert,
wird's unheimlich hell.

Weisse Wolken am Himmel,
oft beides zugleich:
furchtbare Zerstörung
und Leben so reich.

Weisse Wolken am Himmel,
welch flammende Pracht:
da Sonn geht auf Reisen,
nimmt Abschied zu Nacht.

Weisse Wolken am Himmel,
sie schauen mich an
mit tausend Gesichtern,
bald bös, bald human.

Weisse Wolken am Himmel
erfreuen das Herz,
beglücken die Augen
und kennen kein Schmerz.

Weisse Wolken am Himmel
erscheinen und gehn,
so lerne von ihnen:
auch du wirst vergehn.

Weisse Wolken am Himmel
verkünden der Welt
die Majestät Gottes
am himmlischen Zelt.

81 Zwei Sternlein am Himmel

Am Himmel sah ich zwei Sternlein stehn,
zwei Sternlein, silbern, licht und schön,
und leise sprach ich, Herr, lass mich sehn
die golden Pracht in Himmelshöhn.

Die Galaxien der Sternenwelt,
die Schöpfermacht am Himmelszelt,
wie Abram sie einst am Himmel sah,
so seid ihr Sternlein heut noch da.

Wie ich staunend unterm Himmel stand,
Augen und Herz zum Lichtmeer gewandt,
zog leis ein Silberwölklein heran,
bestrahlt vom Mond auf Himmelsbahn.

Das Wölklein wollt zeigen Gottes Sein,
wanderte froh in Seinem Schein,
schwebte geführet von Seiner Hand,
vor den Sternlein es stille stand.

Und siehe genau, wie kann es sein,
ein klar Gesicht im Mondesschein,
das Wölklein wird zum Gesicht mit Haar,
die beiden Sternlein wunderbar,

sie leuchten aus dem Gesicht gar mild,
Gott schuf den Mensch nach Seinem Bild,
Sein Aug sieht immer, wohin du gehst,
ob du Guts oder Böses mehrst.

Dies Himmelsgesicht ich nie vergiss,
es schaut auf mich bei Tag und Nacht,
das Wölklein verschwand, doch ist gewiss,
es hat Sinn, weil von Gott gemacht.

Dies Wolkengesicht ist Zufall nur,
so denken gottvergessne Leut,
in Gottes Schöpfung sieht er kein Spur,
sieht nicht, dass Gott alls lenkt bis heut.

Wenn der Gottlos in der Hölle ist,
ist das für ihn dann Zufall nur?
Sein hohes Besserwissen ist Mist,
zu spät, er fuhr auf Teufels Spur.

82 Zerstörung statt Frieden

Wo ist Fried, wo Sicherheit?
Ein Staat bekriegt den andern,
Millionen müssen wandern,
wer find't noch Geborgenheit?

Herrscher fordern eignen Willen,
Wahrheit – sie wird umgedreht,
Gerechtigkeit wird umgekehrt,
wer kann das Böse stillen?

Frieden mit Gott – das höchste Gut,
glücklich, wer's im eignen Herz,
ohn' Fried die ganze Welt voll Schmerz,
Unfried folgen Angst und Blut.

Durch Kriege wird die Welt zerstört,
Katastrophen sie verheert,
von bösen Mächten heiss begehrt,
der Teufel sie klug betört.

Wer Frieden schaffen kann und will,
muss stehen über Macht und Welt,
besiegen, der die Welt entstellt,
dies schafft Jesus, glaub es still.

Gottlosigkeit trägt alle Schuld,
sie setzt frei des Bösen Macht,
verachtet den, der Frieden schafft,
und zertritt Gott's Lieb und Huld.

Gott hat die Schuld selbst weggetan,
lud sie auf den eignen Sohn,
der verliess drum Gottes Thron,
niemand hat so Gut's getan.

Mensch wie du, ich rate dir:
Geh zu dem, der Frieden schafft,
die ganze Welt macht dich nicht satt,
Jesus ist es, dir und mir!

Kommt's, wie's kommt, die Wahrheit kennen,
höher ist's als alles Gut,
viele geben ihr eignes Blut,
Jesus ihren Freund zu nennen.

83 Zwei überragende Schreiber

Moses war der ungekrönte König Israels,
von Gott berufen und gerüstet für sein Amt,
er brachte Ägyptens Pharao Gottes Befehl,
die Nachfahr'n Jakobs freizulassen allesamt.

Nach langem Widerstand gab Pharao endlich nach
und Moses führte Israel an den Jordan;
vierzig Jahr dauerte die Wanderung danach,
darin wuchs es zu einem starken Volk heran.

Moses war mehr als sein Richter, Prophet und Führer,
er gab ihm Gottes Gesetze und Verfassung,
seine Gebote – als Sein Sekretär und Schreiber
Israel spricht von Mose voll Bewunderung.

Tausend Jahre später stand vor Jesus eine Frau,
vor Ihn gestellt zu richten ihre Steinigung,
nach dem Gesetzbuch Gottes, das Moses schrieb genau,
musste sie diesen Tod erleiden noch so jung.

Nach diesen Gesetzen war sie in Todesgefahr,
sie forderten für Ehebruch die Steinigung,
um sie stand eine hochrangige Verklägerschar,
Gelehrte und Pharisäer in Einigung.

Die Kläger forderten von Jesus Urteilsspruch,
Er bückte sich, schrieb auf die Erde mit dem Finger,
dann stand Er auf, sprach den Verklägern durchs Herz hindurch:
»Wer ohne Sünd, werfe den ersten Stein als Richter!«

Drauf schrieb Er auf die Erde weiter mit dem Finger
und die Verkläger schlichen leise weg vom Platz,
nun richtete sich Jesus auf als Herr und Richter,
auf der Erde stand geschrieben ein grosser Schatz.

Bald stand Er allein vor der Frau als einz'ger Richter
und fragt: »Wer hat dich verurteilt von den Klägern?« –
»Niemand, mein Herr.« Drauf spricht ihr gnädiger Retter:
»Ich auch nicht, mach's nicht mehr!«, lasst die Engel feiern.

Moses ist der Schreiber von Gottes Altem Bunde,
Jesus schloss mit Seinen Jüngern den Neuen Bund,
hatt' Er von ihm geschrieben auf die Erd' zur Stunde?
Wir wissen's nicht, doch wird hier vom Neuen Kunde.

Beim letzten Abendmahl gab Jesus Seinen Jüngern
Brot und Wein und sprach: Dies ist mein Leib und mein Blut,
das Blut des Neuen Bundes, vergossen den Sündern,
zur Vergebung der Schulden, ich geb's euch zugut.

Die Schriftgelehrten waren blind für Gottes Willen,
sie meinten, Jesus würd' das Alt aufheben,
Er musste den Alten Bund vorerst ganz erfüllen,
dieses zu tun, war niemand zuvor gegeben.

Einzig bei diesem Ereignis hat Jesus geschrieben,
Er schrieb auf die vergängliche Erde, warum?
Es geht um Tod und Leben, Sünde und Vergeben!
»Liebet einander, wie Ich euch geliebt« – darum.

Wir ahnen die grosse Freude der Ehebrecherin,
sie ist dem Tod des Alten Bundes entkommen;
welch selige Hoffnung ist im Neuen Bunde drin
für alle, die in den Bund mit Jesus kommen.

Die Bibel lehrt, das Gesetz des Geistes und Lebens
ist Christus, macht frei vom Gesetz des Todes und
der Sünde, keine Macht des Todes und Verderbens
kann verdammen, die sind mit Gottes Sohn im Bund.

Für diesen Neuen Bund danken Gott alle Menschen,
die Er in Jesus darin aufgenommen hat,
von Ewigkeit zu Ewigkeit singen Ihm zu Ehren
die erlösten Seelen in der ew'gen Heimat Rast.

84 Zuletzt

Noch unterwegs?, hör ich die Sel'gen fragen,
die längst vor mir das letzte Ziel erreicht.
Ich frag zurück: Wer hat euch heimgetragen?
Die Engel haben uns die Hand gereicht.

Wird es nicht bang, wenn alles ist erloschen,
der Augen Licht, der Herzschlag und die Stimm?
Wir kamen hin, wir hatten keinen Groschen,
mit Nichts zu kommen, wär auf Erden schlimm.

Wir wissen nicht, wie's mit uns ist geschehen,
ein jeder Mensch stirbt einmal ganz allein,
hör, was im Glauben wir auf Erd gesehen,
ist hier erfüllt, weit über hoffend Schein.

Ich frag nach fünfundneunzig langen Jahren,
wie lang geht's noch, bis leergetropft mein Krug?
Spricht Jesus lieb: Frag nicht nach letzten Tagen,
bleib unterwegs mit mir, das ist genug.

85 Zufall

Im Spätherbst schritt gutgelaunt der Bauer
in seinen geliebten Obstgarten,
der war gut geschützt durch eine Mauer,
wollte schaun, was er durft erwarten,

und prüfen, was bald reif ist zu pflücken,
da fiel ein Apfel auf seinen Kopf,
das war ein bös ungeleg Entzücken,
unschön entleert er drauf seinen Kropf.

Die Bäuerin rief dem Getroffenen:
Der Wurm im Apfel ist daran schuld,
der frass wild im Apfel wie die Larven,
schenk dem hohen Baume deine Huld.

Warum sind die Bäume so befallen?
Früher waren sie alle gesund,
fröhlich Vogelstimmen nicht mehr schallen,
kein Platz zum Nisten, das ist der Grund.

Unerwartetes nennen wir Zufall:
einen Blitzstrahl, der zum Tode wird,
oder einen Losgewinn zum Glücksfall,
oft ein Einzger, der am Leben blieb.

Meteore, die vom Himmel fallen,
Schiffe, die dunkle Eisberg' rammen,
Insekten, Viren Menschen befallen,
niemand kann Zufälle verbannen.

Bei Gott sind andre Dimensionen,
für ihn gibt es nichts Ungeklärtes,
alle Menschen, Engel und Dämonen,
was heut ist, Neues und Bewährtes,

Anfang, Ende und Zukunft der Schöpfung,
alles ist für Ihn gegenwärtig,
wohl dem, der diese Bibelbetrachtung
glaubt und wie Gott gross ist und mächtig.

Je ehrfurchtsvoller wir von Gott denken,
je mehr wird uns diese Wahrheit klar:
Er könnte alles ins Nichts versenken,
Er will mit uns leben, wunderbar.

Jesus spricht von Zufall ganz andrer Art,
ein Zufall, der grossen Segen bringt,
wer sich immer zuerst zu denen schart,
die im Glauben um's Reich Gottes ringt,

wird erhalten, was er für's Leben braucht,
das hat Er den Hörern versprochen;
für Millionen ist alles verbraucht,
der Weg zum Reich Gottes zerbrochen.

Der gesagt, alle Haare sind gezählt,
der könnt allen Hungernden helfen,
viele sind berufen, wenig erwählt,
Er will, dass wir Menschen Ihn suchen.

So gross Gottes Macht, so Seine Liebe.
Jesus sagt, sie falle denen zu,
die mit ganzer Seel' und Herzenstriebe
Seinem Reiche streben immer zu.

Gottes Sohn Jesus wird alle richten,
Gottes Geist ermächtigt Ihn dazu,
dieser Geist will unsre Herzen sichten,
Er zeigt uns den Weg zur ew'gen Ruh.

86 Rededuell

Birke zur Eiche: Ich glaube an Gott;
Eiche zur Birke: Dann glaubst du an nichts.

B: Ich glaube an die höchste Realität.
E: Wie willst du Gott beweisen?

B: Gott beweist sich selbst.
E: Das Weltgeschehen spricht gegen Gott.

B: Du meinst, Gott müsse deiner Vorstellung entsprechen.
E: Ich sehe niemand, der die Welt ordnet.

B: Gott ist unfindbar und gleichzeitig überall.
E: Wir müssen uns vom Gedanken einer Übermacht lösen.

B: Wovon ernährst du dich?
E: Vom Gleichen wie du.

B: Also von Pflanzen, Tieren, Fischen, Eiern u. s. f., kennst du alles?
E: Ich muss nichts kennen, nur essen.

B: Du musst Gott nicht kennen, nur glauben. Warum lebst du?
E: Wegen Vater und Mutter.

B: Warum leben Vater und Mutter?
E: Das erforschen wir, alle Generationen zurück bis zum Urknall.

B: Ich weiss, die Forschung ist schon über den Urknall hinaus, was soll das, wenn ihr kein Ei erklären könnt.

E: Das wird sich ändern, wir forschen, bis wir den Beginn des Lebens finden.

B: Ihr werdets nie finden, Leben kommt aus Gott, aber was würd es euch bringen?
E: Wenn wir den Schlüssel zum Leben haben, können wir friedliebende Menschen schaffen und das Paradies.

B: Gott hat den Menschen Grenzen gesetzt und sinnvolle Aufgaben gegeben, die Erde mit ihrem unermesslichen Reichtum bestellen und bewahren.
E: Wir haben die Grenzen bereits überschritten, wir werden andere Planeten besiedeln.

B: Der Mensch wird die Grenzen nicht ungestraft überschreiten. Gott hat schon einmal den Menschen einen Strich durch die Rechnung gemacht, beim Turmbau zu Babel.
E: Wenn Gott existierte und Interesse an den Menschen hätte, müsste er ganz andere Zeichen setzen.

B: Gott ist den Menschen wahrhaftig sehr weit entgegengekommen. Er sandte Seinen einzigen Sohn als Mensch zu uns. Jesus hat sich immer auf Seine Sendung von Gott, Seinem Vater, berufen. Sein Kommen und Gehen auf der Welt ist allen bekannt.
E: Da erhebe ich Einspruch: Wie kann ein Urwaldmensch, der wie ein Neandertaler im Busch lebt, wissen, wie er nach dem Willen Gottes leben soll?

B: Das hat auch den grossen Theologen Paulus beschäftigt. Jeder Mensch wird von Gott nach seinen Möglichkeiten, Gegebenheiten, Erkenntnissen und Taten gerecht beurteilt und gerichtet.
E: Nochmals, wer nie Gelegenheit hatte, von Gott zu hören, nur von Geistern und allen möglichen sichtbaren und unsichtbaren

Mächten, wie kann man von einem solchen Menschen Vernunft erwarten?

B: Paulus schreibt, Gott hat jedem Menschen ein Gesetz ins Herz geschrieben, wir nennen es das Gewissen, das befähigt auch einen Neandertaler, Gutes und Böses zu unterscheiden.
E: Dann wäre es besser, wir würden ethisch wie Neandertaler leben.

B: Nein, ein Neandertaler wird nie schon im Diesseits eine glückliche Beziehung zu Gott gewinnen, denn niemand sagt ihm die Wahrheit.
E: Viele fragen wie Pilatus: Was ist Wahrheit?

B: Ich nehme die Worte von Jesus, »Wer die Wahrheit sucht, wird sie finden«, als Gottes Worte. Er sagt: »Ich bin die Wahrheit und das Leben, wer mir glaubt, wird leben, auch wenn er stirbt.«
E: Wer will sich noch den Kirchen anschliessen, die Bibelgläubigen scheinen im Rückzug, die Koranglaubigen im Vormarsch.

B: Die Bibel sagt, dass einmal eine Zeit komme, da die ganze Welt voll Erkenntnis Gottes sein wird. Die Wissenschaften und Möglichkeiten der Menschen werden bis dann weitere sensationelle Fortschritte gemacht haben, aber der grösste Fortschritt wird sein, dass sich die grosse Mehrheit denen anschliesst, die wieder neu berufen sind, das wahre Volk Gottes zu sein, das irdische Heimatvolk von Jesus, Israel.
E: Israel versteht sich als das auserwählte Volk Gottes, wie konnte dann Gott zusehen, wie Millionen Juden fabrikmässig vernichtet wurden?

B: Gott manifestiert am Volk der Juden der ganzen Menschheit Seine Existenz und Seinen Willen. Wir vergessen, dass Gott tatsächlich Gott ist, wir können Ihn und Sein Tun unmöglich

begreifen. Wir wissen, dass Er von jedem Ermordeten jedes Haar kannte und das Beste aus ihm machen wird, Er will, dass allen Menschen geholfen wird.
Die Forschung ist den Menschen schon in die Wiege gelegt und kann grossen Segen bringen, aber der Milliardenaufwand für letztlich sinnlose Ziele könnte für die Armen eingesetzt werden.

Rede und Gegenrede nehmen kein Ende, nur die Zeit bringt die Wende.

87 Rafzer Heimatlied

Wo die weiten Felder enden
und die Reben steigen an,
liegt, so weit die Zeiten wenden,
meine Heimat an dem Gnal;
meine Heimat, meine Heimat
gilt viel mehr als alles Geld,
meine Heimat, meine Heimat
ist das schöne Rafzerfeld.

Refrain:
Singet meinem Heimatdorf,
singet ihm ein neues Lied,
Gott behüt mein liebes Dorf,
schenk ihm Glück und Fried.

Weht der Föhn aus fernem Meere,
steig ich auf des Gnales Rand,
fröhlich ziehn die Wolkenheere,
schau hinaus zum Alpenrand.
Herrlich leuchten dann die Alpen,
silbern glänzt ihr ew'ger Schnee,
abends löscht die Sonn die Lampen,
taucht das Feld in purpurnen See.

Refrain.

Von der Höh' des Gnales Linde
sucht mein Aug das Vaterhaus;
unter jener alten Winde
gingen wir einst ein und aus.
Keinen Lärm gab's durch Maschinen
Kühe zogen stramm den Pflug,

wenig gab es zu verdienen,
Vater schwere Lasten trug.

Refrain.

Was die alten Rafzer konnten,
find't in keinem Buche Platz
und die Frauen nähten, sonnten
Decken, Kleider, ihren Schatz.
Felder, Reben, Bäume pflegen,
alles Werk zur rechten Zeit,
Kühe, Pferd' und Ziegen hegen,
fleiss'ge Bauern dienstbereit.

Refrain.

Wenn im Herbst die Trauben reiften,
kam Befehl zur Traubenwacht,
wo die Starenheere streiften,
alter Vorderlader kracht.
War es Zeit zum Traubenschneiden,
niemand mehr zu Hause blieb,
Winzerwürste holt' man beiden,
Alt und Jung, ein froh Betrieb.

Refrain.

Kam der erste Schnee geflogen,
holt' man 's fette Schwein heraus,
solches tat man wohlerwogen,
denn dem Schwein ging 's Leben aus.
Wenn die Winterstürme brausten,
drosch man Roggengarben aus,
wild im Takt die Flegel sausten,
macht' so Rebenschaub daraus.

Refrain.

Ein's noch werd ich nie vergessen,
stolze Kirch' im Nachbarort,
wie ein' Burg hat sie gesessen,
thronte hoch im Lande dort,
freundlich grüsste sie von oben
alle Leute nah und fern,
Glocken klangen, Gott zu loben,
ihrem Rufen folgt' man gern.

Refrain.

Darf ich weiter noch erzählen
aus vergang'ner Jugendzeit?
Gmeindwerk konnte man noch wählen,
Holz schlug man zur Winterszeit.
Dächer schindeln, Leitern machen,
Stickel sägen, all's allein,
schönste Kunst von allen Sachen
ist aber doch der Rafzerwein.

Refrain.

Als die schweren Bomber flogen
in dem letzten grossen Krieg,
über Deutschlands Städte zogen,
meinten, das brächte den Sieg,
hatt' sich einer bös verflogen,
klinkt' überm Dorf die Bomben aus,
traf ein Haus, all' Leut zugegen,
sah die Zerstörung, welch ein Graus!

Refrain.

Schau vom Gnal ich in die Runden,
wie ist heut' das Land entstellt;
schöne Felder voller Wunden,
hat's der Moloch angestellt?
Wo einst goldne Ähren reiften,
gehts nur noch um Kies und Geld,
möchte gern, dass Hasen streiften
wieder froh durchs Rafzerfeld.

Erklärungen:

Gnal = Hausberg von Rafz mit alter Linde.

Winde = Dachraum, symbolisch »unter Dach«.

Vorderlader = alte Flinte, noch verwendbar zur Vertreibung der Stare.

Rebenschaub = lange Roggenhalme zum Binden der Reben. Die Halme bleiben nur ganz beim Flegeldreschen.

Das Lied ist singbar nach dem Volkslied »Auf des Munots altem Turme in CH Schaffhausen«.

88 Heimatlied von Würenlos

Wo der Furtbach in die Limmat fliesst
und die Sonne helles Licht vergiesst,
wo die Limmat um die Ränke eilt,
dort mein schönes Heimatdorf verweilt.

Das schön' Weinbaudorfe Würenlos
ist für Jung und Alt das beste Los,
da gibt's Sport, Musik und froh Gesang,
auch manch Fest dem Jahreslauf entlang.

Die Arbeit wird niemals vergessen,
ist segensreich, wenn recht bemessen,
viel Arbeit bringt um den Verstand,
hat kein' Zeit für's ewig Vaterland.

Heimatliches Privilegium:
das Benediktiner-Klostertum,
das uralte Frauenkloster Fahr
bringet Segen, Jahr für Jahr.

Melodie: fehlt; evtl. kreativ. Singen ohne Noten.

89 Tessinerlied

Tessin vereint im Heimatland
den bunten Süden im Verband.
Berg', Täler, Flüsse es durchziehn,
was wär die Schweiz ohne Tessin!

Refrain:
Von des Gotthards stolzen Höhen
zu den tiefen blauen See-en,
wo lind die hohen Palmen wehn,
ist Gottes Herrlichkeit zu sehn.

Wild erhaben ist der Norden,
Land der Berge, Rind und Ziegen,
reich an See-en ist der Süden,
Land der Sonne und der Blumen.

Refrain.

Tessin ist arm und reich zugleich,
viel karges Land, an Steinen reich.
Wenn das Schöne man müsst' zahlen,
wär'n die Kassen voll beladen!

Refrain.

Wunderschön der See Lugano,
die Isola von Brissago
und tausenjähr'ge Rustika,
voll Ruhm der Monte Verita.

Refrain.

Alte Burgen zum Erstaunen,
Bruchsteindächer, starke Mauern,
im Tessin ist's immer schön,
macht Segel dicht, wenn weht der Föhn!

Refrain.

Des Volkes Art sind gute Leut,
sie singen schön und musizieren,
vor harter Arbeit sich nicht ziern,
gehn miteinander, fern und heut.

Refrain.

Hier ist man nah an Italien,
im Lande der Kastanien,
sind doch nur gute Eidgenossen
mit der Seele eingeschlossen.

Refrain.

Hier regierte einst Milano,
auch die Urner, red' Germano,
sogar einmal Napoleon,
wohl heut die beste Nation.

Refrain.

Melodie: Wer hat Zeit, ist noch offen.

90 Geburtstag der Bernadette

Bernadette häts luschtig,
Bernadette häts guet,
sie hat Chatze und Musig,
wänns inachte tuet.

Jodel:
Hudiria holeia,
Hudiria holeia,
Hudiria holeia,
Hudiria holioh!

Bernadette häts luschtig,
Bernadette häts guet,
gohts ere himmeltrurig,
chunnt d' Chats uf si zu-e.

Jodel.

Bernadette schafft fliessig
und macht alls i der Ruh-e,
sind di andere biissig,
macht si eifach Türe zu-e.

Jodel.

Bernadette isch früntli,
Bernadette macht froh,
Freud hat si gmacht füfzg Jöhrli,
füfzg neui werdet cho.

Jodel.

Uesi Erde isch ei Balle
und springt doch nie dervoh,
wär si nid i Gott Chralle,
wärid mir nümme doh.

Jodel.

Sisch de Wunsch vo üs alle,
wo me schaffed und singt,
dass Gott niemer loht falle,
alli glückli heibringt.

Jodel.

Melodie:
Volkslied: »Mir Senne heis luschtig, mir Senne heis guet«.

91 Glücklichi Aenkelchind

Mir Aenkelchind händs luschtig,
mir Aenkel händs guet,
mir händ Papi und Mammi,
di-e lueged üs guet.

Jodel:
Hudiria holeia,
Hudiria holeia,
Hudiria holeia,
Hudiria holioh!

Mir Aenkelchind händs luschtig,
mir Aenkel händs guet,
mir händ Aetti und Grosi,
das chunt üs grad z'guet.

Jodel.

Mir Aenkelchind händs luschtig,
mir Aenkel händs guet,
mir händ Tante und Unggle,
di-e mached üs Muet.

Jodel.

Mir Aenkelchind händs luschtig,
mir Aenkel händs guet,
mir händ Gotte und Götti,
hebed üs i der Fluet.

Jodel.

Mir Aenkelchind händs beschti,
mir Aenkel händs guet,
sind alli miteinander,
is Heilandes Huet.

Jodel.

Melodie:
Volkslied: »Mir Senne heis luschtig, mir Senne heis guet«.

92 Mein Herz schlägt für Jesus

Mein Herz schlägt für Jesus,
für dich und für mich,
mein Herz schlägt für Jesus,
den König des Lichts,
es schläget für Jesus,
den König des Lichts.

Mein Herz schlägt für Jesus,
für dich und für mich,
mein Herz schlägt für alle,
die suchen das Licht,
es schläget für alle,
die suchen das Licht.

Mein Herz schlägt für Jesus,
für dich und für mich,
mein Herz schlägt Betrübten,
die hoffen aufs Licht,
es schläget Betrübten,
die hoffen aufs Licht.

Mein Herz schlägt für Jesus,
für dich und für mich,
mein Herz schlägt voll Liebe,
bis Ende anbricht,
es schläget voll Liebe,
bis Ende anbricht.

Das Lied hat eine eigene Melodie, auch singbar ohne Noten.

93 Fragen an Gott

Ich hab so viel Fragen Gott an Dich,
Menschen töten, morden, unzählig fliehn,
Millionen hungern, bekriegen sich,
Erdbeben, Stürme über Erde ziehn.

Wer kann Gott verstehen und diese Zeit?
Ist niemand da, der die Hölle besiegt?
Gottlosigkeit, Unrecht machen sich breit,
wann kommt die Zeit, wo das Böse versiegt?

Es wird noch schlimmer werden auf der Erd,
unsagbare Trübsal ist angezeigt.
Gott macht ein End, dass nicht alles verderb,
wenn die Not am grössten, ist Hilf bereit.

Gott gibt Antwort auf das furchtbare Leid,
Johannes sah sie jubeln im Himmel,
Jesus sagt's seinen, dass ihr glücklich seid,
wenn ihr treu bleibt im schrecklichen Gewimmel.

Nicht der Märtyrertod macht sie selig,
das Blut des Lammes hat sie rein gemacht,
Vergebung der Sünden nur ist gültig,
keine Sünd hat's je in Himmel geschafft.

Gott will uns ganz ausrichten auf Sein Reich,
Er will uns Vater im Himmelreich sein,
Er nimmt uns auf, dem lieben Sohne gleich,
Jesus allein wäscht uns von Sünden rein.

Nur wenn wir schaun über den Tod weithin,
können wir ein wenig vom Himmel sehn,
aus Liebe gab Gott Seinen Sohn uns hin,
hilf uns, dass wir auf rechtem Wege gehn.

Werden die Verfolgten und Hungernden
nur mit der Auferstehung getröstet?
Jesus ist bei allen Verwundeten,
dankt Ihm, der uns bis ans End begleitet.

94 Gott unser Vater

Refrain:
Ich darf mit Dir reden, mein Gott,
Du bist mein Vater im Himmel.

Du weisst mehr über mich als ich,
Dir ist nicht ein Blick verborgen,
Du weisst jeden Gedankenstrich,
alle Nächte bis zum Morgen.

Refrain.

Wenn ich denke, wie Du mich kennst,
möcht ich Dir aus den Augen gehn,
sagt Dein Sohn, den Du Jesus nennst,
mein' Vater darfst als deinen sehn.

Refrain.

Das ist es, was das Herz erfreut,
Jesus hat Schuld weggetragen,
wer vor Ihm seine Sünd bereut,
wird einst von Ihm heimgetragen.

Refrain.

Jesus ermuntert fort und fort,
Seinem Vater zu vertrauen,
es gibt nichts Sich'res als Sein Wort,
auf dies Fundament musst bauen.

95 Frühling

Winter ist vorbei, Frühling ist kommen,
Bäume und Blumen blühen in Wonne,
die aus Ruhe erwacht, sind benommen,
Vögel kehren zurück in der Sonne.

Schiffe fahren wieder auf blauem See,
Felder, Gärten werden wieder bestellt,
was kriecht aus der Erde, freudig Licht seh,
neues Leben sich zum alten gesellt.

Unzählig Leben spriesst in Frühlingszeit,
Bäume, Sträucher tragen ein buntes Kleid,
blühende Blumenwiesen meilenweit,
grosse Künstler müssen staunen vor Neid.

Hat die wunderbare Pracht einen Sinn?
Die schönen Blumen fallen schnell dahin,
hat jemand vom Frühlingswunder Gewinn?
Gott will die Menschen damit zu sich ziehn.

Der kluge Mensch meint, er sei das grösst Genie,
er glaubt an sich, Gott sei erfunden,
mag er viel erforschen, versteht sich nie,
hat das wahre Leben nicht gefunden.

Jesus zeigte auf eine Lilie,
seht ihr Kleid, schöner als das Salamos,
sie ladet in Gottes Familie,
wer zu ihr gehört, hat 's glücklichste Los.

Es gibt tausend Wege zu Gottes Wort,
aber vom Wort zum Himmel nur einen,
Gottes Sohn ist der Weg zum ewigen Hort,
warte nicht, dich mit Ihm zu vereinen.

Jesus weist auf die Wunder der Natur,
sie weisen die Göttlichkeit Gottes.
Wer sagt, Gott gibt es nicht, lügt und ist stur,
all' müssen vor Gott, gleich welchen Standes.

96 Lied der Freude

Freu dich, dass du göttlichen Ursprungs bist,
freu dich, dass Gott dein Vater sein will,
freu dich, dass Er dich hoch bemisst,
freu dich, Er liebt dich, sei vor Ehrfurcht still.

Freu dich, dass Er uns seinen Sohn gesandt,
freu dich, dass Sein Sohn unser Bruder ist,
freu dich, er hat sich Mensch zu Mensch gewandt,
freu dich, mit Ihm ein Kind des Vaters bist.

Freu dich, dass Jesus unser Friede ist,
freu dich, in Ihm ist die Wahrheit zu sehn,
freu dich, bei Ihm ewig geborgen bist,
freu dich, die glauben, hat Er ausersehn.

Freu dich, Er ist Friede mit Gottes Geist,
freu dich, Sein Geist ist Erkenntnis vom Sein,
freu dich, Er sich hoch über Verstand beweist,
freu dich, Er ist der Wahrheit heller Schein.

Freu dich, im Geiste steht alles im Licht,
freu dich, dieser Geist will in dir wohnen,
freu dich, der Glaube öffnet die Sicht,
freu dich, Gott wird die Treue belohnen.

Freu dich, die schönste Perle gefunden,
freu dich, sie ist Gottes Buch vom Leben,
freu dich, dein Name steht dort geschrieben,
freu dich, kein' Macht kann ihn ausradieren.

Freu dich, Jesus, vollkommenste Freude,
freu dich, Er will, dass wir's verkünden soll,
freu dich, in Ihm ist der Tod nur Wende,
freu dich, im Glauben sind wir hoffnungsvoll.

97 Gefährliche Gottlosigkeit

Israel ist das einzige Volk das Gott erwählt hat,
seine Geschichte ist einzig und voll Abenteuer.
Dies Volk hat einen einzigartigen Menschen gehabt,
auf Geheiss Gottes gab er Ihm seinen Sohn aufs Feuer.
Ein Engel rettete den Sohn im letzten Augenblick,
Abraham nahm ein Schaf aus dem Gestrüpp,
das war sein Glück.

Abraham ist den Juden die grosse Schlüsselfigur.
Mit ihm hat Gott einen ewigen Bund geschlossen.
Gott bekräftigte Abraham den Bund mit einem Schwur,
er und seine Nachkommen sind nun Bundesgenossen.
Die höchste ausserirdische Macht, Gott im Himmel,
sprach mit einem Hirten, nicht mit Herrschern
auf dem Schimmel.

Warum hat Gott an Abraham Gefallen gefunden ?
An seinem unerschüttlichen Vertrauen zu Gott.
Gott sucht Menschen, die ihr ganzes Leben auf Ihn gründen,
die an Ihm festhalten, auch bei Verfolgungen und Spott.
Gott zeigt am Volk Israel allen Nationen Seinen Willen,
es hat ihn erfahren und erlebt's in allen Dingen.

Nur dem Volk Israel hat Gott Anweisungen gegeben,
Gesetze und Pflichten für alle Menschen auf Erden,
Dank Israel könnten all' nach Gottes Willen leben,
wissen um Segen und Fluch – Ende im Garten Eden.
Wann immer Israel im Gehorsam Gottes lebte,
erlebte es Wunder, wenn es tat, was Moses lehrte.

Wenn wir das Schicksal Israels durch die Zeiten betrachten,
müssen wir dann nicht unser Gottesbild korrigieren ?
Wieviele Juden mussten immer wieder verschmachten ?
Haben sie vergeblich um Gottes Hilfe geschrieen ?
Keine Stadt wurde soviel zerstört wie Jerusalem,
wer fluchte sagte, es soll dir gehen wie Jerusalem.

Wir haben einen Brief von der Familie Josephs
aus Nazaret, von Jakobus, Halbbruder von Jesus.
Jakobus wehrt sich gegen falsche Deutung des Glaubens,
die Erlösung durch Jesus bringt Liebe zu Lazarus;
Gott schenkt einmal Israel die Erkenntnis von Jesus,
dann sucht alle Welt den Frieden mit dem Volke Jesus.

Der grosse Theologe Paulus mahnt alle Christen:
Es wird euch nicht besser gehen als geprüftem Israel,
wenn ihr die verachtet, die zu Gott und Jesus beten.
Viele rühmen Gottlosigkeit als Fortschritt ohne Hehl.
Wegen Gottverachtung hat Gott den Frieden genommen
der Erde.Weltfriede kommt mit Jesus Wiederkommen.

Gott schuf die Menschen nach Seinem Bilde, wir sind Sein Werk.
Was Er bei den Menschen sucht, ist ihnen bekannt: Ehrfurcht,
Gerechtigkeit, Wahrheit, Liebe, Friede, aber das merk:
Sein sichtbares Geschenk für uns Menschen ist die Geburt
von Seinem Sohn Jesus in Bethlehem durch Maria,
der ersehnte Retter, Gottes-und Menschensohn, war da.

Wir kennen die Taten, die Jesus auf Erden vollbrachte,
Sein Leben und Sterben für eine gottlose Menschheit.
Die weite Oeffnung erst Seine Auferstehung brachte,
das Ueberschreiten der Grenzen Palästinas weltweit.
Aber Jesus führt die Beziehung zu Israel fort,
es ist berufen von Gott, zu werden aller Welt Hort.

Zum grossen Entsetzen nicht nur der gottlosen Menschen,
sondern auch vieler Theologen und Rabbiner,
wird Jesus wiederkommen, dann nicht mehr um zu dienen,
Er kommt mit Macht, Herrlichkeit und Erd'
und Himmels Herrscher.
Er macht allen Kriegen und allem Unheil ein Ende,
mit Seiner Macht zwingt Er die Völker zur Friedenswende.

Schon die ersten Christen erwarteten Jesus wieder
und immer wieder gab und gibt es Leute, die glauben,
nicht sterben zu müssen wie alle andern Sünder.
Sie wären heilig und dürften Ihn ohne Tod schauen.
Kurz vor Jesu Tod fragten Ihn einige Jünger:
Wann bringst Dein Friedensreich,
kommts bald, oder geht's länger ?

Jesus belehrte sie, dass die Zeit dafür niemand weiss,
nicht einmal Gottes Sohn, Gott allein bestimmt diese Zeit.
Das Geheimnis der Wiederkunft Jesus ist brennend heiss,
nur ganz wichtige Sachen hält ein Chef für sich bereit.
Das ganze Neue Tesstament mahnt die Christen dringend:
Macht euch drauf bereit,
sonst nimmt diese Wend ein böses End.

Die christliche Theologie ist hierin gespalten:
Die einen sehen Gottes Walten im Staat Israel,
die andern lehnen ab, davon sei nichts zu Halten.
Die Bibel sagt Israel: Gott mit uns, Immanuel.
Das Volk Israel von heute ist unheilig getrennt:
Säkulare, Orthodoxe und andere benennt.

Bedrohlich sind die Ultraorthodoxen, sie sind stur,
wie die Rabbiner, die Jesus kreuzigten, erkennen
nicht, dass sich vor ihren Augen Prophezeihungen erfüllen pur,
wollen sich nicht zum Staat Israel bekennen.
Zeit und Stund der Königsherrschaft Jesus kennen wir nicht,
aber die voranschreitenden Zeichen seiner Ankunft sind dicht.

Die Welt wird von einer neuen Bedrohung überrannt,
die künstliche Intelligenz zieht viele in den Bann.
Die Bibel hat sie zum Zeichen der letzten Zeit genannt,
sie greift zu den Sternen, verdrängt Gott, soweit sie nur kann.
Sie ermöglicht Menschen gar übermenschliche Taten,
sie erhebt sich über Gott und lässt sich anbeten.

Mit der künstlichen Intelligenz kommt Satan ans Ziel,
die Menschen merken nicht, wie der Teufel sie von Gott trennt.
Mit den Verblendeten hat der Teufel ein leichtes Spiel,
mit den höchsten Fortschritten er ins Verderben rennt.
Mächtige Herrscher missbrauchen sie zur letzten Kontrolle,
niemand darf leben, der abweicht von des Herrschers Rolle.

Die Wiederkunft Jesus bringt eine riesige Wende,
dann wünschten alle Menschen, sie hätten Gott geehrt,
dann sehen die Gottlosen mit grosser Angst ihr Ende,
aber herrlicher Freude, die von Gottes Wort gelehrt.
Warum in aller Welt ist Gottlosigkeit gefährlich ?
Nur die Frieden finden in Gott sind am Ende glücklich.

98 Wandspruch

Willkommen ist bei mir zu Haus,
der zieht die Strassenschuhe aus,
darfst weidlich in den Socken gehn,
niemand wird drum den Kopf verdrehn.
Bleibe bei mir nach deinem Will,
doch geh, bevor die Uhr steht still.
Möcht dass du lebend von mir gehst
und komm, wenn du im Regen stehst.
Gott segne dich zu jeder Zeit,
ich bitt Ihn drum, Er ist nicht weit.

99 Weideglocke

Der gute Hirte findet
das Schaf, das sich verirrt;
die Weideglocke bimmelt,
ihr Klang den Tod zertritt.

Dank sei dir, kleine Glocke,
die'm Hirt den Pfad gezeigt,
kling fröhlich und frohlocke,
der Hirt hat's Schaf befreit.

Im Kirchturm hängt die Glocke,
die dir zum Grabe klingt,
wach auf !, dass nicht verstocke
dein Herz, es gläubig singt.

Eh' die Totenglocke klingt,
läutet sie zum Leben,
Einer nur das Leben bringt,
der kann Sünd' vergeben.

Einen guten Hirten nur,
hat uns Gott gesendet,
folge Seiner sel'gen Spur,
der Tod zum Leben wendet.

Hör auf den guten Hirten,
Er heisset Jesus Christ'
und hat für dich gelitten,
das du Sein Bruder bist.

100 Jesus kommt wieder

Jesus kommt wieder, Jesus kommt bald.

Die Zeit ist vorüber, Er ist nicht fern,
die Gottlosen sagen: Er kommt nie!
verleugnen Jesus, den göttlichen Stern.
Aber Jesus mahnt: Höre und sieh!

Jesus kommt wieder, Jesus kommt bald.

Er hat versprochen, ich komme zurück!
Gott öffnet den Weg zu Seiner Zeit.
Die Jesus gehorchen, sind dann im Glück,
den anderen steht Unglück bereit.

Jesus kommt wieder, Jesus kommt bald.

Er ruft die Seinen: Macht euch schnell bereit,
füllt die Lampen mit Oel, zögert nicht.
Gott bereitet den Weg zur rechten Zeit
sendet Sei'n Geist, dass euch nichts Gebricht.

Jesus kommt wieder, Jesus kommt bald.

Er wird aufrichten, das ersehnte Reich,
verschliesst den Teufel für tausend Jahr.
Gottlose Herrscher werden totenbleich,
verlieren All's bis zum letzten Haar.

Jesus kommt wieder, Jesus kommt bald.

Vom Oelberg stieg Er zum Himmel hinauf,
die Jünger sahen schnell nur Wolken,
zwei Engel sagten vom himmlischen Lauf:
Er kommt hier wieder, müsst dran denken.

Jesus kommt wieder, Jesus kommt bald.

Für den Teufel eine furchtbare Schmach,
er will nicht, dass man das verkündet.
Gott der Allmächtige, Sein ist die Rach'!
Auf Ihn ist der Glaube gegründet.

Register

1 ABRAHAM mit seinem Sohn Isaak (2018):
Abraham wurde mit dem Sohn Isaak Stammvater aller Juden.

2 Abschied von der Erde (2015)

3 Armsünderglöggli (1950):
Lied ohne Noten im Familiengottesdienst.

4 Abschied vom Freund und Bruder (2012):
Bruder im Sinn geistlicher Nähe.

5 Alle Ehre (2019):
Jesus gab Gott alle Ehre.

6 Apologie des Glaubens (2015):
Die Hypothese vom Urknall ist bereits widerlegt.

7 Augen auf (2012):
Das äussere und innere Auge korrespondieren.

8 Autofahren (2014):
Tod und Bewahrung sind oft unerklärbar.

9 Ausserirdisches Leben (2017):
Das ewige Leben, das Jesus schenkt, ist das wahre Ausserirdische.

10 Bemerkungen nach achtzig Jahren (2004):
Die Jugend denkt nicht ans eigne Alter.

11 Bekenntnis zu Gott (2016):
Nur Menschen zweifeln an Gott.

12 Baumerflade (1954):
Spezialität von Bauma, Tösstal, uraltes Rezept.

13 Dämonen (2016):
Wären wir der finstren Mächte bewusst, wir würden uns eng zu Gott halten.

14 Das beschriebene Tuch (2015):
Nach einem Traum.

15 Das geheime Plätzchen (1939):
Die Magd erzählte es selbst.

16 Das Lied der alten Waage (2013):
Mit falschen Gewichten betrogen viele Händler.

17 Dreifaltigkeit Gottes (2015):
Die Trinität Gottes unterscheidet die Lehre der Christen von der der Moslems.

18 Der kluge Mensch (2012):
Die wahre Klugheit führt zu Gott.

19 Denkwürdige Schifffahrt (2012):
Was die jungen Männer mit Jesus erlebten war später eine grosse Hilfe.

20 Die letzte Wahl (2017):
Niemand kann sich seiner Verantwortung entziehen.

21 Die unheimliche Schrift (2016):
Persien, der heutige Iran, hat bis heute eine grosse biblische Bedeutung.

22 Drei Erben (2016):
Nach gutem Rat getan.

23 Ein Denkblick auf Gott (2015):
In den Bewegungen findet man göttliches Handeln.

24 Er selbst ist da (1949):
Aufrichtig Suchende erleben Gottes Hilfe.

25 Geburtstag nach siebzig Jahren (2012):
Nur die Bibel gibt Antwort auf Lebensfragen.

26 Geburtstag eines Gottesmannes nach 80 Jahren (1949):
Friedrich Veiel, Direktor.

27 Geburtstag nach achtzig Jahren

28 Fast aus der Welt gefallen, Werner etwa 8 Jahre alt

29 Geburtstag einer Witwe nach achtzig Jahren:
JEDES Tier kann unbezahlbar wertvoll sein.

30 GOTTESLÄSTERUNG (2013):
Die Kirchenleitung war auf eine einseitige Messiaserwartung fixiert.

31 Gefährliche Ziele (2017):
Gott aus dem Leben streichen, ist gefährlich.

32 Gottes Plan mit Seinem Sohn (2017):
JESUS HAT SICH ALS WÜRDIGER Sohn Gottes erwiesen bis zum Tod, für uns.

33 Gerra, im Schatten des Gambarogno (2016):
Im Winter sind grosse Teile ganz ohne Sonne.

34 Guete Maa (1950):
Lied ohne Noten im Kindergottesdienst.

35 HALBTOT (1952):
Damals musste der Familienname der Braut amtlich geändert werden.

36 Himmelreich (2012):
Himmelreich oder Reich Gottes, unermüdlich hat Jesus für dies Reich geworben und es erklärt.

37 Herzliche Grüsse (2018):
Aus einem schwarzen Herzen sind Grüsse unerwünscht.

38 Hochzeit eines Schreiners (1956):
Auf einem Schiff sind Trauungen vor Überraschungen nie sicher.

39 Höhenflug (2014):
Jesus lehrt uns, von der Natur zu lernen, sie ist Gottes Werk.

40 Im Strom der Zeit (2012):
Weisheit aus Psalm 90.

41 In Sturmesnacht (2012):
Im Tierreich ist Freitod verbreitet, der Mensch hat eine höhere Verantwortung.

42 Jahreswechsel 2008/09 (2008):
Sicherheit kann Gott gegeben.

43 Jahreswechsel 2012/13 (2012):
Bis zur Wiederkunft Jesu gibt es keinen Weltfrieden.

44 Jubiläum (2013):
Methodistenkirche Baden CH, 100 Jahre Kirchenbau, 50 Jahre Kirchenorgel.

45 Jerusalem, Stadt ohnegleichen (2017):
Die kommenden Weltereignisse drehen sich um Jerusalem.

46 Kaiserstuhl Kt. Aargau (2004):
Der Stadtname Kaiserstuhl ist rätselhaft, Lachse gab es im Überfluss im Rhein.

47 Kritische Evolution (2004):
Die klassische Evolution ist längst widerlegt.

48 Kampfbereit (1950):
Die Bibel nennt die Zerstörungsmacht auf Erden.

49 KLIMAWANDEL (2018):
Der Mensch sucht Lebensraum auf anderen Planeten, er sollte die Kosten zur Pflege der Erde einsetzen.

50 Lob dem Kreisel (2016):
Mit Humor fährt man besser.

51 Lebensraum Erde (2014):
Zum Jahreswechsel 2014/15, auf der Erde geschehen die grausamsten Taten, zum Glück auch schöne, die schönste der Besuch von Gott selbst.

52 LAZARUS (2000):
Eine Schlüsselfigur in der Leidensgeschichte von Christus, als Zeuge des Messias wollten die Rabbiner ihn töten.

53 Lebensweisheit (2001):
Jesus war weiser als Salamo, nahe bei Jesus, nahe der Weisheit.

54 Lebensfrage (2005):
KEIN Mensch findet Antwort, man muss den Schöpfer fragen.

55 Licht der Sonne / Licht von Gott (2017):
Zum Glück gibt es Licht von Gott, die schöne Sonne ist gut, aber reicht nicht gegen finstre Macht.

56 Neues Leben (2018):
Eine schmerzvolle Erkenntnis.

57 Ode an den Parco Botanico am Gambarogno, Tessin (2017):
Achtung vor Menschen wie Eisenhut, die aus der Ferne Pflanzen holen.

58 Verstönder Rafzertütsch? (2018):
Wo Zuwanderer die Mehrheit bilden, verschwinden alte Mundarten, alt Neukom war Nychom.

59 Rafzerlinde auf dem Gnal (2017):
Der Gnal ist der Hausberg von Rafz, vor Hitler gab es zu den deutschen Nachbarn keine Grenzen.

60 Zum schönen Namen Rosmarie (2014):
Viele getrennte Namen sind zusammengewachsen wie Hansjörg etc.

61 Das Spinnlein von En Gedi (2012):
Das Ereignis geschah vor 3000 Jahren, vom Spinnlein wurde vor 2300 Jahren in Israel erzählt.

62 Singt Gott, dem Schöpfer (2012):
Vielen Menschen ist Gott egal, ohne Umkehr werden sie zusammen mit dem Teufel gerichtet.

63 Schönster Mauerfall (2017):
Für Paulus, dem stolzen Juden, eine beglückende Offenbarung.

64 Sohn Gottes wird Menschensohn (2017):
Ein unausschöpfbares Ereignis, nur so weit erkennbar, als Gott sich selbst offenbart.

65 Studierende am theologischen Seminar St. Chrischona (2018):
Das theologische Seminar St. Chrischin, CH Bettingen, ist eine bibeltreue Ausbildungsstätte für Pastoren und Missionare.

66 Tod eines Soldaten an der Ostfront, 1943 (1945):
Hitlers Ziel war ein grossdeutsches Reich, die versuchte Ausrottung der Juden kostete mehr Tote als sechs Millionen getötete Juden.

67 Tod eines Predigers (1952):
JAKOB Hübere, Jahrgang 1907, starb am 12. Juli 1952 mitten im Leben. Ich denk, er war zu gut für die Welt.

68 Unfassbarer Gott (2019):
Die Möglichkeit, weit in den Mikro- und Makrokosmos zu blicken, verführt den Menschen zur eigenen Vergötterung.

69 Umwelt aktuell (2016):
Die Grosskonzerne richten Riesenschäden an an der Natur, die Bürger straft man wegen Kleinigkeiten und sie können sich nicht wehren.

70 Vaterunser & Künstliche Intelligenz (2019):
Im »Unser Vater« wenden wir uns an die höchste ausserirdische Existenz, ohne Jesus ist das bekannteste Gebet eine Lüge.

71 Den eignen Vater wählen? (2019):
In Bezug auf den irdischen Vater unmöglich, in Bezug auf den himmlischen in Jesus richtig, im Einklang »Ich habe euch erwählt«.

72 Verschiedene Wege (2016):
Das Wichtigste hat Jesus unvergleichlich praktisch formuliert, wie der breite und schmale Weg.

73 Vertrauen im Grauen (2017):
Warum fällt Vertrauen zu Gott so schwer?
Die ganze Welt wird vom Gottesfeind beeinflusst.

74 Vergeltung eines toten Hundes (1987):
Das Ereignis ist möglich und wird erzählt.
Früher entsorgten die Geier die toten Tiere, deshalb wurden bis 1950 sogar in Städten tote Tiere nicht entfernt.

75 Wiesental (1950):
Wohl dem, dessen HEIMAT NICHT UNTER Beton verschwindet.

76 Winter (1970)

77 Weihnachtsmysterium

78 Weihnacht der Urahne (1949):
Jesus führt die Weihnacht auf die Liebe Gottes zurück.
Die Beziehung Gott–Mensch bleibt Mysterium.

79 Wegmarken bei Jesus, Gottes Sohn (2016):
Noch heute gibt es einsame alte Leute, wer dankt ihnen?

80 Weisse Wolken am Himmel (2008):
Immer auch sagten die Wolken das Wetter voraus.

81 Zwei Sternlein am Himmel (2011):
Alles dem Zufall zuzuschreiben, geht an der Realität vorbei.

82 Zerstörung statt Frieden (2017):
Wenn Gott nicht eingreifen würde, wäre die Welt schon heute unbewohnbar.

83 Zwei überragende Schreiber (2019):
Moses hat Überragendes geleistet, JESUS HAT KEINE Schriften hinterlassen, aber seine Jünger beauftragt.

84 Zuletzt (2019):
Zuletzt endet der natürliche Lebensweg für alle, ohne Ausnahme, der Weg ohne Ende beginnt.

85 Zufall (2019):
Ein grenzenloses Thema.

86 Rededuell

87 Rafzer Heimatlied:
Das Rafzerfeld umfasst die Gemeinden Rafz, Wil, Hüntwangen und Wasterkingen. Früher war das Rafzerfeld die Kornkammer von Zürich, jetzt dominiert die Kiesausbeutung, Rafz ist davon noch verschont. Die alte Kirche von Wil beherrschte optisch das Rafzerfeld und musste 1975 einem modernen Neubau weichen.

88 Heimatlied von Würenlos:
Würenlos hat ein besonderes Privilegium, seit 2008 gehört das Benediktiner-Frauenkloster Fahr zum Gemeindegebiet. Würenlos hatte schon lange die Verwaltung, aber das Kloster war keiner Gemeinde amtlich zugeteilt. Es ist eine Exklave an der Limmat nahe Zürich. Gegründet 1130 untersteht es der Benediktinerabtei Einsiedeln.

89 Tessinerlied:
Kein echtes Tessinerlied, das müsste italienisch geschrieben sein, aus der Perspektive der deutschsprachigen Schweiz.

90 Geburtstag der Bernadette:
Mit dem Namen ist nicht eine einzige Person gemeint.

91 Glücklichi Aenkelchind:
Weltweit sind solche Enkelkinder leider in der Minderheit, sie müssten dankbar sein.

92 Mein Herz schlägt für Jesus:
Der Herzschlag ist mehr als Denken.

93 Fragen an Gott:
Sind wir berechtigt, an Gott Fragen zu stellen? Ich glaube, ja, weil Gott Mensch geworden ist. Da wir jetzt nicht wissen, wie es im Himmel ist, glauben wir, dass Gott aus reiner Liebe handelt.

94 Gott unser Vater:
Wahren Vater haben nur wahre Kinder. JESUS SPRICHT VON wahrer Kindschaft durch den Heiligen Geist. Nur Gott kennt Seine Kinder. Ich bin vorsichtig zu denen, die leichtfertig von Wiedergeburt reden.

95 Frühling:
Im Römerbrief steht, niemand kann sich rechtfertigen vor Gott, Seine Existenz ist in Seiner Schöpfung erkennbar.

96 Lied der Freude:
Viele entdecken wieder in Jesus den Freudenbringer.

97 Gottlosigkeit ist für alle

98 Wandspruch

99 Halsglocken erleichtern verlorene Tiere zu finden.

100 Die Zeichen der Wiederkunft stehen auf Sturm.

EMIL UND WALTER NEUKOM

Als Sonntage noch heilig waren

Jugenderinnerungen zweier deutschschweizer Brüder mit Geburtsjahren 1914 und 1924

In den „guten alte Zeiten" war manches so viel einfacher als heute und anderes wiederum noch so viel schwerer. Emil und Walter Neukom halten in ihren Kindheitserinnerungen all- tägliche Geschichten des Lebens fest, die nicht in Vergessenheit geraten dürfen. Von der harten deutschschweizer Kindheit im bäuerlichen Umfeld, vom Grossvater und seiner be- eindruckenden Handwerkskunst, von schicksalhaften Begegnungen, dem entbehrungsreichen Alltag und vielen anderen spannenden Rückblicken wird berichtet. Entstanden ist ein wertvolles Stück Zeitgeschichte über die Kraft der Liebe, der Familie und des Glaubens.

Walter Neukom gewährt zusätzlich einen tiefen Einblick in seine Seele und berichtet davon, wie seine Liebe zu Gott ihm auch in den schwersten Zeiten Hoffnung spendete. Klug, mutig und mit einer gehörigen Prise Humor beschreibt und ver- dichtet er seine Erfahrungen und Beobachtungen.

200 Seiten • Paperback • EUR 13,90
ISBN 978-3-8280-3716-8
2. Edition 2022